玉垣とは、大山への参拝記念として奉納
時代を超えてたくさん残るぞ！
よく見てみよう。
玉垣
その1
まねき
まねきとは
講の人が宿を判別するため
目印として表に出した。
かっこいい!!
南風
ひょうたんからこま
大山こま製造元
金子屋さん
美味しい
つめたいっ！
デカイぞ
清水屋のかき氷
元木材屋さん
ようこそ大山
丹沢
川上純子
塩川幸恵
大矢千津子
内野ひかり
カレー料理人

能楽殿
かんむり
なかよしハト
山
呼んでくれたら来てくれる錦鯉かわいい♡
鳩山一郎
(玉垣に探してみてね♡)
デカ盛りかき氷
清水や
大山駅
ソウシチョウがいます。
とまれパンダ
みぎをみて
ひだりをみて
首の動きがおもしろい
大山唯一の信号
5秒で変わる?!
ほぼ青だよ〜
大山の天然水使用
超つめたい!
でも!! 一気にプールに水を入れると
御柱
茅野市が
運ばれてき
昔、水車があったの
なんと!! メダカ売ってま〜す。
お値段は?
能忠敬の
測場があった
で位置を
確認したらしい

地元を再発見する!

手書き地図のつくり方

手書き地図推進委員会 編著

学芸出版社

はじめに

地域の魅力や暮らしている人の思い出を、あらためて掘り起こそう！

この本を手に取られたあなたは、もしかして、自分の住んでいるエリアの魅力をどう発見したらいいのだろう？　どう伝えたらいいのだろう？　と頭を悩ませているのではないでしょうか。自分のまちに人を呼びたいけど、これといった観光名所もなければ新しいお店もないし……と後ろ向きになっている方もいるかもしれません。われわれ「手書き地図推進委員会」の元にも「手書き地図には興味があるけど、うちのまちでもこんな面白い切り口やネタが見つかるのでしょうか？」という質問はたくさん寄せられます。

でも大丈夫です。今まで多くの地域で「手書き地図ワークショップ」を実施してきた経験から断言します！　あなたのまちには、そのまちならではの魅力が必ずあります。価値に気がついていない、もしくは伝えられていないだけです。気づけないのは、どんな魅力なのかを「外の人」の視点で見られていないから、聞き出せていないからです。

自分のまちの隠れた魅力を発見する

例えば、海外旅行が好きな方はたくさんいます。自国と異国の日常の「差異」を体験することは、なによりも大きな旅の魅力で、目的になります。「こんな食べ物や習慣があるんだ！」という発見、気候が異なることで生じる暮らしぶりへの驚き、宗教や文化的な風習の違いについての学び……。そして、旅が終わって一番心に残っているのは、どんな名所旧跡よりも、案外そこに住む人との交流や、親切にしてもらった思い出だったりしませんか？

このように、地域の魅力に気づくには「外の人」の視点が欠かせません。われわれがワークショップでいつもお伝えするメッセージの1つに、「あなたの日常は、誰かの非日常」というフレーズがあります。普段自分たちが当たり前にやっていること、触れていることは、ほかのエリアの人にとっては新鮮な出来事であり、誰かに語りたくなる非日常なのです。そして地元の人との交流は、その日、その時限りの特別な思い出となり、それが「また訪れてみたいなぁ」という気持ちにつながります。「外の人」と「地元の人」が力を合わせるワークショップは、お互いがその関係性を面白がるための入り口でもあるのです。

昔から住んでいる地元のお年寄りほどヒーローに

ワークショップは、外の人の視点をうまく取り入れ、地元の魅力を見つけることに役立つ、ということには納得いただけたでしょうか。ではなぜ「手書き地図」なのでしょう。わざわざそんな手段をとる必要はどこにあるのかと、疑問に思われている方もおられるかもしれません。

理由は3つあります。1つは、手書き地図にすることで「魅力を伝えやすい」「面白がってもらいやすい」ということ。視覚的にまちの魅力を伝えられ、背景にあるストーリーが添えられます。ではなぜ手書き地図だとストーリーが伝えやすく面白いものになりやすいのでしょう。最大のポイントに、「偏り（偏愛）」というキーワードがあります。普通の地図は、正確な情報を網羅的にプロットします。一方で、本書で数多く紹介する手書き地図は、同じ地域でも「テーマ」ごとに視点を変えたり、見せたいものを大きく描いたり、参加者が感じた面白さを文章や絵で熱意を加えて書き込んだりします。この偏りが、手書き地図を面白くします。

2つ目は、老若男女問わずに参加者を集められ、〝娯楽〟として参加してもらえるからです。「まちのために協力してください」ではなく、「手書き地図をつくりませんか？」というと、お子さん連れの方も子どもが楽しめそうだと参加してくれたり、地域に長年住んでいるご年配の方も、「昔のことならよく知っているよ」と参加してくれたりするのです。アウトプットが「手書き地図づくり」と明確で、「まち歩き」にレジャーとしての楽しさがあるからなのでしょう。まちづくり系のイベントを運営している方はわかると思いますが、募集しやすく楽しんで参加してもらえることほどありがたいことはありません。

そして最後の3つ目は、地元住民、特に長く歴史を知っている人がヒーローになり、協力者になってくれることです。地域の魅力をなかなか見つけられないのは、こういった地域資源について語れる人に「語る機会」がないことに要因があるのかもしれません。地域の風習や言い伝え、地元のお店の歴史、昔の出来事……。自分の持っている知識を誰かが必要としてくれるのは嬉しいことです。そして、普段は寡黙な人こそ、地域の外の人が興味を持ってぶつける質問に的確に答えられる人だったりするのです。

外の人だけでなく、まち歩きで訪れた飲食店の方々も重要なキーパーソンです。制作段階では、創業の裏話や隠れた逸品、まちの歴史や伝承などを参加者にいろいろと教えてくれたり、さらに詳しい方を紹介してくれたりすることもあります。完成した手書き地図を手に再訪すると、「あの時の！」と喜んで地図を置いてくれたり、来街者が手書き地図を持参していたら声をかけてくれたりと、もはや「共謀者」になってくれます。つくる過程自体が、地域の魅力を発見し、地域の人を巻き込むきっかけとなるのです。

手書き地図ワークショップが地域参加の面白さを知る機会に

この本では、北海道、山形、宮城、福島、長野、茨城、千葉、東京、神奈川、静岡、岡山と、われわれがお手伝いしてきた市町村での実践とその成果を交えて、ワークショップ開催から手書き地図作成までのノウハウについて、順を追ってご紹介しています。

まず序章で、われわれの行う手書き地図ワークショップとはどんなものなのかをご紹介します。各地でワークショップをするきっかけとなった最初の事例です。手書き地図ワークショップがどんなプログラムで行われるのか、ワークショップまでの準備期間、いわば舞台裏もお見せして、手書き地図ワークショップが熱意あふれる役場の方や住民の皆さん、地元の商店や企業の皆さんに支えられて実現することを知ってもらえればと思います。

第1章では実際のワークショップでのテクニックを解説する前に、少し時間を遡って、われわれを虜《とりこ》にした名人たちの「手書き名地図」を3つご紹介します。この本で掘り起こそうとしている地域への「偏愛」ってなんだ？と疑問に思われている方はこの章を読めば一目瞭然。きっとわれわれのように手書き地図にハマってしまうこと間違いなしです。

序章と第1章で知ってほしいのは、地域の魅力は「世界一の〇〇」とか「日本一の〇〇」のような記録を狙うかのごとく「数値」で証明できるものだけではないということです。

手書き地図をつくるためのワークショップでは、地元の方と、外からやってきたわれわれ手書き地図推進員会メンバー、それにほかの地域からの参加者を混合したチームをつくります。外から参加したメンバーの「それって何ですか?」「え、そんなことがあるのですか!」という反応があると、地元の方も「え、そんなことが面白いの?」「それならこんなこともあるよ!」と興に乗ってきます。その方法は、第2章・座談会から始めようで詳しく紹介しています。

続く第3章は取材に出かけよう、第4章はオンリーワンな地図づくりとして、その手順やコツを多くの実践事例を盛り込みつつ紹介しています。

そして手書き地図が完成した後でも、ワークショップに参加した人たちが協力者となって、関連グッズや地域の銘菓の開発といったまちづくりの仕掛けに発展していった事例も多く出てきています。詳しくは第5章で紹介しますが、まずは気軽に参加できる手書き地図ワークショップをきっかけに自分のまちの魅力を再発見し、地図を作成するという達成感と貢献感を得られた参加者は、地域活動の楽しさに目覚めるようです。

郷土愛はあるけれど、どうやって地域に貢献したらいいのかわからない、一度手を挙げてしまったら責任や負担が大きいのでは、という不安も、手書き地図づくりなら心配無用です。ワークショップを通して「自分にもできそう!」「こんなことをやってみたい!」という等身大のアイデアに気づくことができ、また仲間で力を合わせれば、ひとりだけに負担が掛かったり、アイデアがひとりよがりになったりする心配もありません。そしてワークショップでできた住民同士の顔の見える関係こそが、その後

の活動の土台になるのです。

手書き地図によって、どの地域もお互い〝異なる〟ことを誇り、認め合う文化が当たり前になること に貢献できればと考えています。本書が、自分たちの住む地域の魅力を再発見し、その魅力を外の人に知ってもらうきっかけとなれば幸いです。

２０１９年６月吉日
手書き地図推進委員会　川村 行治・赤津 直紀・跡部 徹・大内 征

※本書に掲載されている地名・人名・所属等はすべて取材・ワークショップ当時のものです。

目次

序章

なにもないまちなんてない！
手書き地図ワークショップの始まり

CASE STUDY

長野県立科町／立科うわさMAP

住民目線の偏愛満載！手書き地図の魅力

夏になるとホタルの光がたくさん舞うスポットや、春になると密かに期待して観に行く秘密の桜のトンネル、地元の小学生が通う通学路からまちが見渡せるビューポイントなど。見てのとおり、観光案内所などで手に取る地域の観光マップとは全く違い、住民目線の「地元おすすめ偏愛情報」が満載なこの模造紙（14・15ページ参照）。様々な筆跡でぎっしり書かれたコメントや吹き出し、プロに出せない、アジのあるゆるいイラストには思わずニッコリしてしまいます。楽しく書いたんだろうなあと思わずにはいられないですよね。見ているだけでワクワクします。

これは、われわれ手書き地図推進委員会が、長野県立科町の皆さんとのワークショップでつくった手書き地図です。インターネットやスマートフォンで便利な地図アプリがたくさん手に入る時代ですが、この地図にはテレビや雑誌や新聞にも決して載っていない、まちの人しか知りえない「偏愛視点」が詰まっているのです。

そしてこの14・15ページのような模造紙は、手書き地図推進委員会の手書き地図作家にかかると左のような感じに仕上がります。ひとりの書き手によりすっきりと見やすくなりました。でも素朴な視点、皆さんが描いたポイントやコメントはそのままに、みんなで行ったワークショップでの楽しげな雰囲気も加味し、大切に残しています。

このように、もちろん模造紙のままでもこのうえなく味わい深いのですが、プロと力を合わせれば、見やすさや読みやすさが加わって、様々な来訪者に配布しやすくなり、自慢の「まちの顔」になります。こんな手書き地図はどうやって生まれるのか、まず序章ではその全貌をご紹介します。

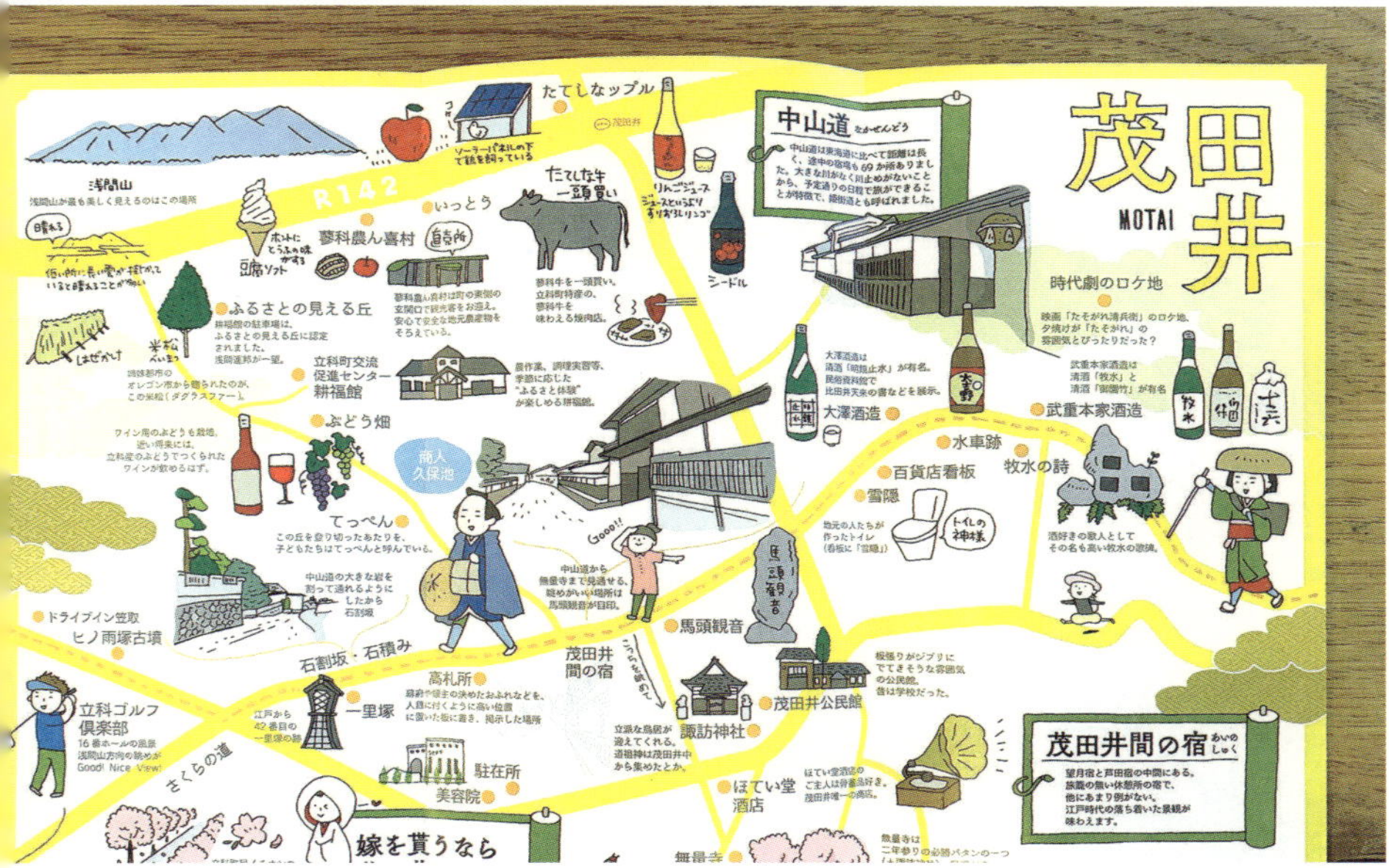

ワークショップで模造紙に描かれたマップをベースに手書き地図作家によって描かれた立科うわさマップシリーズの1つ、「茂田井マップ」

事前準備 ① 運営チームづくり

初めてのトータルプロデュース！長野県立科町との出会い

われわれ手書き地図推進委員会は、今まで地域で単発的にワークショップのお手伝いをする活動はしていたものの、初めてノウハウを1つに集約できたのは、この立科町の活動を通してでした。

立科町との出会いは、2015年の春ごろにわれわれ手書き地図推進委員会がFMラジオの番組に出演したことがきっかけです。限られた出演時間でありましたが、われわれ委員のうち3人が出向いてワイのワイのと、手書き地図の面白さや効能を暑苦しくお話しさせていただきました。いよいよわれらの活動がFM波に乗ったか！と感激し、みんな聴いてくれるといいなあ、と乾杯。すると翌日、その放送を聴いた長野県青木村発のフリーペーパー『平成青木時報』編集長である山浦和徳さんから声がかかり、1年後の2016年3月に、長野県青木村でワークショップが実現しました。このワークショップに（当初は所属を隠して！）参加していた青木村のお隣、立科町の役

①立科ゴルフクラブ
浅間山方向の眺めがgood
Nice Vei~ ~!!
16番ホールがオススメ!
馬場池
昔は馬場でした。
②馬場池
夏は緑がキレイ
④無量寺
二年参りの必勝パタンの1つ（十高取諏訪神社）
屋根とか凄い
無量寺の六地蔵
大型車注意!! 屋根にかかるくらいの桜です
③桜のトンネル
立科町民イチオシスポット!!
車も恐縮して通るくらいキレイ
笠取村にいってみよー!
夏はホタルがたくさん
ホントはおしえたくない キレイなのよ～ スポット!
お寺までの寺小路
蓄音器!
芦田村いこうぜー!
「ファミリーレストラン 笠取」
ウワサ① ソースカツ丼が絶品らしい
ウワサ② 営業時間未定 入れたらラッキー
ウワサ③ 実は、ラーメンもおいしい
一里塚
駐在所
美容院Sept 茂田井で1番オシャレな建物!
⑯石割坂
中山道をふさいでいた大きな石をわって道をつくったことから石割坂
ワイルドー!
写真のはじからはじまで 山!山!!山!!
ときに田んぼ
見上げると養蚕のなごりが
⑳ふるさとの見える丘
はパターンの1つ!!
馬頭観音
マネしないでね!
冬…一面の氷瀑
サイコロをふって、でた目の数だけ氷の上を滑るという危険な遊びに夢中になった少年時代
てっぺん
小学生が通学中に競争する道
⑮ここからの眺めgood!!
無量寺まで一直線
タイミングが良いとヤギに会える ヤギも乗れる?
⑱商人久保さん
そば畑
⑲ブドウ畑
㉑オレゴンからきた
米松
日本では数本しかない
まさか!? ソーラーパネルの下に

ワークショップにて参加者全員で作成した模造紙マップ「画になる町 茂田井」

場に勤める熱血職員の芝間雅さんからも立て続けに「ぜひわがまちでもワークショップを」とお話があったのです。

このようにして、芝間さんの情熱的な手書き地図愛と地元愛もあり、われわれは町全体を地元の人が手書き地図で表現する「手書き地図づくりワークショップ」の活動（正式名称は「地方創生加速化交付金事業　立科まるごと体験事業」）に関わることになりました。１年間に４回、各エリア２日間をかけて、４つのエリアでワークショップ（テーマ設定のための座談会／フィールドワーク／マップメイク／発表／総評）を開催。そこでみんなでつくった各エリアの手書き地図を、さらにその後１年かけて各スポットに関する掲載情報の校正や調整、英語や中国語への翻訳、とチェック、レイアウト・デザインといった作業を経て、パンフレットを制作しました。期間中、長野県立科町には、四季を通じ、何度も足を運ぶことに。自然や史跡、街並み、歴史、そしてそこに暮らす人たちとの出会いを通じ、様々な営みや気持ちを感じ、それらを手書き地図に表現することができた自画自賛のプロジェクト……なのですが、思い起こせば、大内研究員とともに２人で向かった立科町役場の皆さんとの初会合、最初の出会いでは度肝を抜かれたのでした。

記念すべき立科町での最初の打ち合わせ。
大内、川村研究員は意気揚々と向かうのだが……
（長野県立科町役場・2016年6月）

観光地図なんていっぱいある

このプロジェクトの発起人である役場の熱血職員、芝間さんとは、数カ月前から東京都内で打ち合わせを何度か重ねていました。きっちりと初夏の日差しが強くなり、影の濃くなった６月のある日、満を持して立科町へと車を走らせました。立科町教育委員会の皆さんと初めての打ち合わせのためです。役場近くの蕎麦屋さんでお蕎麦を食べ、役場前で写真を撮りつつ、さあ、気合十分で教育委員会の会議室に向かうと、皆さ

フィールドワークのロケハン（2016年8月初旬）

んがお揃いでした。

さっそくお話をさせていただきます。これまでの活動を一通り紹介して今回のワークショップの趣旨を説明したものの、座長の宮坂晃教育長は腕を組み、憮然とした面持ちで目を閉じている……。あれ？ 何か気に入らないことでも言ってしまったのだろうか。

教育長は腕を組んだまま「町の観光スポットを説明して案内するパンフレットなんて今でもいっぱいあるんだ。新たにつくる理由はなんなのか？ 誰を相手にしたものなのか？」とぶっきらぼうに、怒った調子で言います。こ、これは、全然話が通ってなかったのか。あれ……し、芝間さん。大内研究員と呆然として顔を見合わせます。

いきなり張り手をされた感じではあったものの、確かに正論でもあるので、気を取り直して、「なぜやるのか（この本にもこの後、幾度も出てくる話です）」について、もう一度汗をかきかき、喉をカラカラにしながら説明しました。観光客への配布という、当初想定していた活用イメージもお伝えしました（その後の議論で、立科町に多く訪れる農家民泊体験の学生を対象にして作成する方針に変更となりました）。

「とりあえずなんとか話はまとまった、よかった」と、ほっと

教育委員会で数回目の事前の打ち合わせ　宮坂教育長と芝間さん大内、赤津研究員　立科町役場にて（2016年8月初旬）

しながら役場を出ました。同時に、「初対面でなぜ怒り口調なのか!! 以前にさんざん話したのに共有されなかったのか」という思いも徐々に湧きおこり、2人して悶々としてしまいました。帰りの車中でも、「手書き地図の魅力や地元の人がつくる必要性を必死に説明したのに伝わらなかったのか。やはりよそ者だからか……」などと、当初の勢いも虚しく、時間が経つほど心配になりながら、気を揉んだものでした。

でもそうなのです。どの町もエリアも案内地図のパンフレットなんて山ほどあります。そしてわれわれがつくる観光パンフレットは、通常よりもわざわざ手間と時間（ともちろんお金）をかけてつくる手書き地図です。ただわれわれが地図のイラストを作成するのではなく、「地元の人が主体となって改めて再発見した魅力」を手書きにより定着させる、そのプロセスが目的とも言えて、あくまで方法として「地図」というフォーマットを活用しているにすぎません。成果としての地図だけではなく、プロセスへの意味づけの両方が大事なのです。最初の打ち合わせにあたって教育長は、われわれにその「目的」を、改めて問われたわけです。

その後のお付き合いで、地元・立科の魅力を大切に思う教育長の人柄にすっかり魅了されることになります。事前の取材に同行いただいた時には、立科町に自生する昆虫や植物などを見つけては、「ちょっと待って」と言って欠かさず写真に撮り、研究用に地道にファイリングされていました。ワークショップ開催にあたってのご挨拶でも、立科に自生する動植物について、撮りためた写真を中心に本当に楽しく誇らしげに話していただきました。

また、次の回のワークショップでも、「子どもに対し地元を誇るには、大人がまずよく地元のことを知って魅力を理解しなければ、立科の子どもたちにも良さがわかる、伝わるはずがない。まずわれわれがこのワークショップを通じ、率先して魅力を発見していきましょう」と笑顔で話し、参加者と一緒になって地図を見ながら顔を突きあわせている姿を見たわれわれは「本当に地元を愛していて、われわれの意図もはっきりとわかって、自ら率先して参加してくださっているのだ」とグッときたのでした。それがまたいい笑顔で。なんだよ、ツンデレかよ。

事前準備② 現地ヒアリング

事前準備はアイデアの宝庫！
素朴な疑問が生んだスピンアウト企画

なんとか承諾を取りつけた初回の打ち合わせの後、役場の皆さんとわれわれ委員会は、立科町でのワークショップ全体を設計するため、2日にわたって現地でロケハンと打ち合わせをしました。そもそも、われわれがある程度立科町を理解しないといけません。

まずは灌漑《かんがい》した用水路が縦に走る市街地の地形や周囲の自然とそれに関わる歴史や史実、今昔の産業や観光などといった特徴を伺います。その結果を受けて、立科町を北部（農業エリア／茂田井・立科南部・立科東部西部）、南部（観光エリア／白樺高原）にざっくりと二分割したのち、それをさらに4つのエリアに分けて、それぞれの特性を地図にしていくことにしました。白樺高原エリアは牧場や女神湖、蓼科山があり、スキー場などのアクティビティがあり、それに伴いペンションや宿泊施設レストランを有する観光エリアです。茂田井・南部は中山道が通る宿場町として歴史があり、今も残る古い街並みや日本酒の酒造りも有名。神社仏閣も多くあります。一方、立科東部西部を中心とする農家エリアでの農作物生産も盛んで、秋映、シナノスイート、シナノゴールド、そして代表的なフジなどのりんご、はぜかけ米のお米、また酪農や畜産も有名です。

一通り伺ったあとは、気になったことをどんどん質問します。いわゆるガイドブックにあるようなオフィシャルな話だけでなく、面白い昔からの言い伝えやウワサ話など。リラックスした雑談から興味深い話は出てきます。

例えば農家エリアでは、「Aさんの田んぼのお米は美味しい。なぜなら仕事が丁寧だから」など知り合いが多い農家どうしならではの話題が。立科町はなんと、学校給食でも地元のお米が食べられるのだそうです。「いやー生まれてからずっと食べているから今さらわからないねえ」など、われわれからすると羨ましい悩みを話してくれる職員の方。まさに「あなたの日常は誰かの非日常」ということで、田んぼやつくっている方によって味が違うもんですか？」と切り出すと「もちろん場所が違うので日照時間や土が違うよ」との答え。立科町は日本屈指の日射量とのことですが、さらに場所によって違うのでしょう。やがて冗談交じりになり、「あいつは仕事が丁寧だから」「こっちがいい」「こっちはだめだ！」「いやいや、こっちもいいのでは」と大盛り上がりです。

そこで、地元を知るために見聞きするだけではなく「みんなで食べ比べしてみましょう」と、ワークショップのランチタイムに「（利き酒ならぬ）地元の生産者ごとの利きコメ」イベントを開催することに。いつも何気なく食べている地元の立科のご飯について改めて考えながら、楽しく味わおうというアイデアです。ひょんなことから地元を知る・味わう体験企画の誕生です。これもまた再発見、再定義の体験です。これからワークショップのお昼ご飯には毎回利きコメをすることになりました。

事前準備③ ワークショップ企画づくり

農家エリアと観光エリア、流れる時間の違いが魅力

観光エリアの方々にも、事前ヒアリングに伺いました。農業エリアとは違い、県外からたくさんのお客さんを迎えるエリアです。ご商売の邪魔にならないよう、ワークショップやフィールドワーク時の取材などで、企画意図を前もって伝え、ご理解いただきます。事前の打ち合わせでは、出没する野生動物や昆虫、様々に自生する植物、夜空から降るように見えるたくさんの星、季節ごとのとっておきのビュースポット、女神湖や立科の山々に対する古くからの伝説など、地元ならではのお話をたくさん知ることができました。地図で紹介したい話題がいっぱいです。ワークショップへの参加も快諾いただきました。

お話を伺っていると、農業をされている方々と観光に関わる商売をされている方々では、四季や時間のサイクル、その感じ方や文化が違うことに気がつきます。例えば種まきから収穫までの1年のサイクルのなか、自然というフィールドで、土や気候にじっくりと向き合い、米やリンゴなどの生産物という「地元の魅力を育て、つくる」文化。観光に関わるご商売の方は、

熱血職員・芝間さんとほかの職員皆様の奔走により急遽実現したスピンオフ企画「利きコメ」。炊飯ジャーにはそれぞれの生産者の名前が貼ってある

ワークショップで行われた「利きコメ」の様子。フィールドワークを終えお腹ペコペコ、地元のお米に舌鼓

その土地の自然というフィールドをベースに、違う場所から来訪されたほかの文化のお客様を受け入れ、その度にご縁を持った人と関わり、様々な形で「地元の魅力を翻訳し、伝える」文化です。自然や地元の魅力の捉え方もそれぞれ。1つのまちに様々な営みがあるからこそ、まちの魅力も複層的になり、豊かに伝えることができます。様々な皆さんと一緒に手書き地図を作成する意味は、こんなところにもあります。

このように何度かの打ち合わせ、取材を重ねて、われわれ運営側も東京に戻って企画や進め方を改めて調整していきます。

イベント当日① 1日目：地元のことを書き出していく

「私たちの」まちに改めて向き合う時間

いよいよ、ワークショップ当日。朝10時より開催です。芝間さんから参加者の方へ企画意図をご説明したあと、教育長から開会のご挨拶をいただきました。そしてわれわれが活動紹介をし、今回のワークショップでの地元目線でつくるマップ制作の手順を説明しました。まずは3チームに分かれてテーマづくりです。立科の地図を見ながらそれぞれ気になる地元のうわさや、魅力を話しはじめます。何気ない話から「そういえばこういうことがあった」「そういや若いころはこんなことをまちの年寄りが言っていた」と徐々に皆さんエンジンがかかってきます。それら様々なうわさや面白ポイントをポストイットに書き込み、立科町地図のそこかしこに貼り付けます。いよいよいっぱいになっていきました。なんとなくエリアそれぞれでテーマもまとまってきたようです。初日はこれで解散。明日はフィールドワークです。参加者の皆さんがお帰りになってから、われわれは職員の皆さんとそれぞれのチームで、明日のフィールドワークの大体のルートや車での補助行程を想定します。

事前ヒアリングでは、ペンションを経営するリゾートエリアの皆さんにも快くご協力いただき、このエリアの魅力のお話を伺う（2016年8月初旬）

まじめに企画中！ 手書き地図推進委員会の面々

イベント当日② 2日目：取材とマップメイク～発表

フィールドワークを楽しみきるためのコツ

2日目は朝からフィールドワークです。参加の皆さんには歩きやすい格好で集まっていただきました。天候もよく楽しく取材ができそうです。事前に決めた行程ですが、歩いていると偶然に発見するものもたくさんあります。それらを写真に撮ったり、お店や神社、お寺などでお話を伺ったりしていきます。一部のエリアでのフィールドワークは徒歩だけではまわりきれませんので、適宜、車を使いながら移動します。職員の皆さんの連携もすばらしく、滞りなく進行できました。

たくさんの取材成果を抱え、フィールドワークを終えてお腹を空かせてワークショップ会場まで戻りました。お昼ご飯は恒例「利きコメ」です。お昼の時間も年の差を超えて美味しく盛

立科の秋の光景、はぜかけ米は、天日干しされ収穫を待つ

江戸時代より行き来した数多くの旅人に想いを馳せながら中山道を取材

り上がりました。

最後の10分は真剣勝負！

午後からはいよいよ手書き地図づくり。立科産の美味しいりんごの差し入れを味わいながら、マップメイクです。

最初は「私、絵が下手だから……」なんて言っていた方も、次第に筆が進みはじめます。今までいっぱい話したこと、フィールドワークで見てきたこと、改めて発見したことをどんどん模造紙に書き込みます。取材で撮った写真も見直しながら、あーそうだった。これこれ、と書いていきます。

最初はそれぞれのチームで見てきたことの確認が多かったのですが、時間が経つにつれ皆さん夢中で書き込んでいくので、だんだんとペンの音だけになってきました。すごい集中力です。われわれから、「そろそろ終わりですよー」と声を掛けると「えーー」との声。あと10分！　とおなじみ「泣きの10分」コールが聞こえてきました。

ワークショップは大成功、年齢の差を超えて皆さんいい顔。「地元には何もないない」が「あるある！」に変わった瞬間です。

様々なポイントで取材したことを、まず大きな模造紙にそれぞれ書き出して地図に書きこむことを取捨選択していきます

発表はみんなで発見したまちの魅力を噛みしめる場

こうしてワークショップでは、茂田井、立科南部、立科東部西部、白樺高原の4エリアを作成しました。このワークショップを通じて、地元ならではのいろいろな楽しいウワサやお話が手書き地図に書き込まれました。

おおらかで地元愛に溢れる職員の皆さんによる熱いサポートと、お仕事の合間を縫って参加してくれたたくさんの地元の皆さん、また取材先の皆さんの協力により、素敵な手書き地図が完成しました。発表の時間には、皆さん面白おかしく、とても誇らしげに話してくれました。

その昔、荒れて渇いた土地へ水路を開削し現在の豊かな農作地の基礎をつくった立科のヒーロー・六川長三郎さんのお話。今でも時代劇映画のロケ地になる街並みが残る中山道や笠取峠の松並木。点在する酒蔵、信玄棒道や古東山道など歴史のある様々な路。通学路にある小学生目線でのビュースポット(小高い場所で見通しがいいのです)やりんごの自販機。大きな鏡餅のような形状の巨石である、雨境峠祭祀遺跡群の鳴石などのパワースポット。女神湖そばのかっぱの鉤引き石などの伝説が残るポイント。美味しいソフトクリーム屋さんや蓼

しっかり書き込んだ世界に1つの手書き地図。個性的なネタが満載で発表も笑いが絶えません

科山の日本一景色のいいトイレなどなど。まだまだ書ききれません。いろいろな立科の魅力がいっぱいです。

参加の皆さんは各発表を笑顔でうんうんと聴いています。参加された皆さんからも地元の魅力を改めて発見できたと言っていただき、委員会の面々も感激でした。

プロセスすべてが宝物。堂々完成！「立科うわさＭＡＰ」

そして皆で模造紙に書いた4つのエリアの手書き地図は、われわれ手書き地図推進委員会と教育委員会の皆さんで改めて情報を整理しながら、手書き地図公式作家・江村康子研究員によるデザインとイラスト化、レイアウトの制作作業に入ります。なんとこの時は中国語（繁体／簡体）と英語の各翻訳版もつくりました。

そしてワークショップから1年後、「立科うわさＭＡＰ」が

発表された地図はイベント終了後もしばらくの間、会場に貼り出されていた

堂々完成！各語への翻訳は名称やニュアンスなど一筋縄でいかないことがわかりました

堂々完成となりました！　立科に訪れた様々な皆さんにお渡しできる、とっておきのご案内ツールが完成です。

この手書き地図のコンテンツは再利用され、クリアフォルダやバッグなどにも展開されることとなりました。

後日、まちかど交流館や観光案内センターや立科町周辺のお店など配布場所に伺うと、とっても好評とのことで、われわれも嬉しさひとしおです。いろいろな方に手にとってもらうことで、ワークショップに参加された方が一番喜んでくれていると嬉しいなあ、いやきっとそうなるに違いない！　皆さんも立科を訪れたら、ぜひ手にとってみてくださいね。

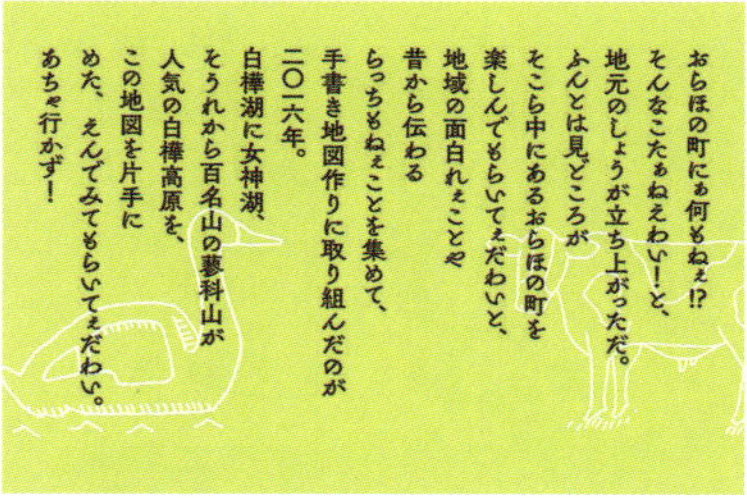

4つのMAPの各表紙には、このパンフレットを読む皆さんに想いを伝えるプロジェクトの口上が書いてあります。観光で訪れた方や農業体験に訪れた学生さんたちがこのパンフレット片手にまちを歩けば、きっと「これはおれがつくったんだ」と地元の方が笑顔で話しかけているに違いありません。

観光案内所に各国語のパンフレットが置いてあって、委員会の面々も改めて感激

立科町全体のマップもエコバックのデザインとして活用されることに

まちかど交流館スタッフの皆さんにも好評！
委員会の似顔絵手書き色紙を無理やり贈呈
中央は魂のこもった制作作業で大活躍の江村康子研究員

われわれのワークショップを手伝ってくれた手書き地図推進委員会の佐藤遥さんも笑顔

第1章

手書き地図、なにが魅力？

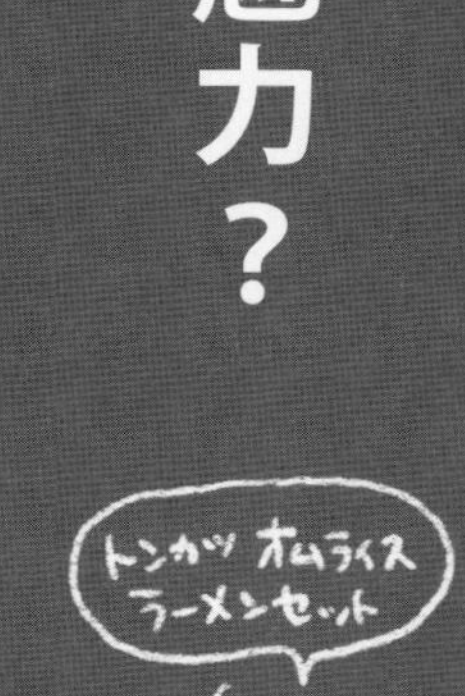

誰かの「メガネ」でそのまちを見る

序章では、手書き地図のどんなところが面白いのか、実際に地図をつくるワークショップがどのように進むのか、立科町の事例を参考にご紹介しました。手書き地図をつくることで得られる地域のメリットを知ってもらえたかと思います。一方、手書き地図は、もちろん手にとってもらって初めて効力を発揮します。見る人（読む人？）にとっても、もう一歩深くその土地を知りたいと思わせてしまうような、心も行動も変える力があります。

手書き地図が、その土地の魅力を伝え、受け手の心を動かすツールになるのは、まるでその土地に住む友人にまちを案内してもらう疑似体験ができるからなのかもしれません。初めて行ったまちでも、その土地に住む友人にあちこち連れて行ってもらい、面白いエピソードも含めて話をしてもらうと、心に残る旅になります。

老若男女問わず、一緒に取り組めるのが手書き地図の魅力（山形県遊佐町・2017年10月）

その地に住む友人に案内してもらう旅は面白い

実は、私たち手書き地図推進委員会が発足したのも、山形県天童市の友人を訪ねた旅がきっかけでした。友人が勤めていた地場企業のものづくりの現場を見せてもらい、職人さんからお話を聞く。友人が「間違いない！」という美味しい団子屋さんに連れて行ってもらう。洋菓子屋さんの前では「このお店でつくっているバナナボートという洋菓子がヤマザキの『まるごとバナナ』の元だよ」という逸話を教えてもらう。夜は地元の店で山菜の天ぷらと地酒、ひっぱりうどんという家庭の味をすする。「薬味も、納豆や鯖、卵など家によってバリエーションがある」と教えてもらいながら。2軒目は、名物の「冷たい肉そば」にこだわっている飲み屋に連れて行ってもらう。地域の旦那衆が楽しんで開発したものだという話を聞き、翌日にはその発案者を紹介してもらう……という至れり尽くせりのものでした。

まだまだ書ききれないほど、面白い話や体験をしました。後から考えてみると面白いなぁと思うものはすべて、その地域の環境や資源を活かした、特定の人の顔が見えるものです。この友人の案内がなく、天童に来ていたとしたら、ここまでまちが面白く見えただろうか。ああ、こんな豊かな地域の資源や物語をもっとたくさんの人に伝えられたらいいのに。そして、この友人が天童に来た人に配っていたのが、手づくりの手書き地図でした。

この天童への旅と、その友人が配っていた手書き地図との出会いから、「こんなに豊かな体験ができる地図が各地にあるなら、探して訪れてみよう」と手書き地図推進委員会を発足。最初は手書き地図をつくるワークショップではなく、各地の手書き地図探しだけが活動内容でした。

手書き地図はまちの人と仲良くなれる〝パスポート〟

友人に知らないまちを案内してもらう時に最も嬉しいのは、友人の知り合いが声をかけてくれることです。「〇〇くんの友達なの？」とか「どこから来たの？」と声をかけてもらえると、そこから地元の人との交流が始まるからです。

これにも手書き地図が効くことがわかりました。各地の手書き地図探しをしているときに、その他の手書き地図を持ってまちを歩いていると、「〇〇さんの地図を見て歩いているの？」と声をかけてもらうことが多かったのです。どうやら、各地で手書き地図をつくって配布しているのは、地域の中心的人物や顔の広い人物であることが多いようです。こちらもその土地に興味を持って訪れているわけですから、地元の人からいろいろと話を聞くことになります。その時、地元の人にとって、〇〇さんの地図を持っている人というのは、外敵ではなく、受け入れてもらいやすい身分証明（パスポート）のようなものになっているようです。

手書き地図に書かれているまちのウワサや、エピソードについてお店の人や出会った人に話すことは、会話のきっかけにもなるし、地域の人にとっても嬉しいようです。外国でその土地の言葉を1つでも知っていると、相手も悪い気がしないのと同じようなものでしょうか。

正確さよりも、書いた人の熱意　手書き地図は〝偏愛〟でいい！

ここからは、われわれが見つけた面白い手書き地図を3つ紹介します。各地の手書き地図を収集している時に気がついたのは、面白い手書き地図には、つくり手の愛情が溢れ出ているという共通点があることです。

1つ目に紹介するのは、「ときがわ食品具ＭＡＰ」です。制作者の、この土地で自分が良いと感じたことを来訪者にも体験してほしいという素直な気持ちが伝わってきます。

2つ目は「下諏訪アースダイバーツアーマップ」です。古代この土地であったことを想像しながら歩ける、ロマン溢れる地図です。

3つ目は「佐原まち歩きマップ」です。江戸時代に江戸《えど》優《まさ》りと称された佐原の魅力を、テーマごとにその魅力を知ってほしいという思いで制作されています。

網羅的に情報を掲載するのではなく、偏った視点、偏愛によってセレクトされた情報が掲載されているものほど面白いのです。偏愛の強い手書き地図が面白いのは、ハマっている人の言葉の説得力と、面白さをわかっている人だからこそ気がつける偏愛視点が深いからです。手書き地図が人の心を動かす一番の要因は、この〝偏愛力〟かもしれません。

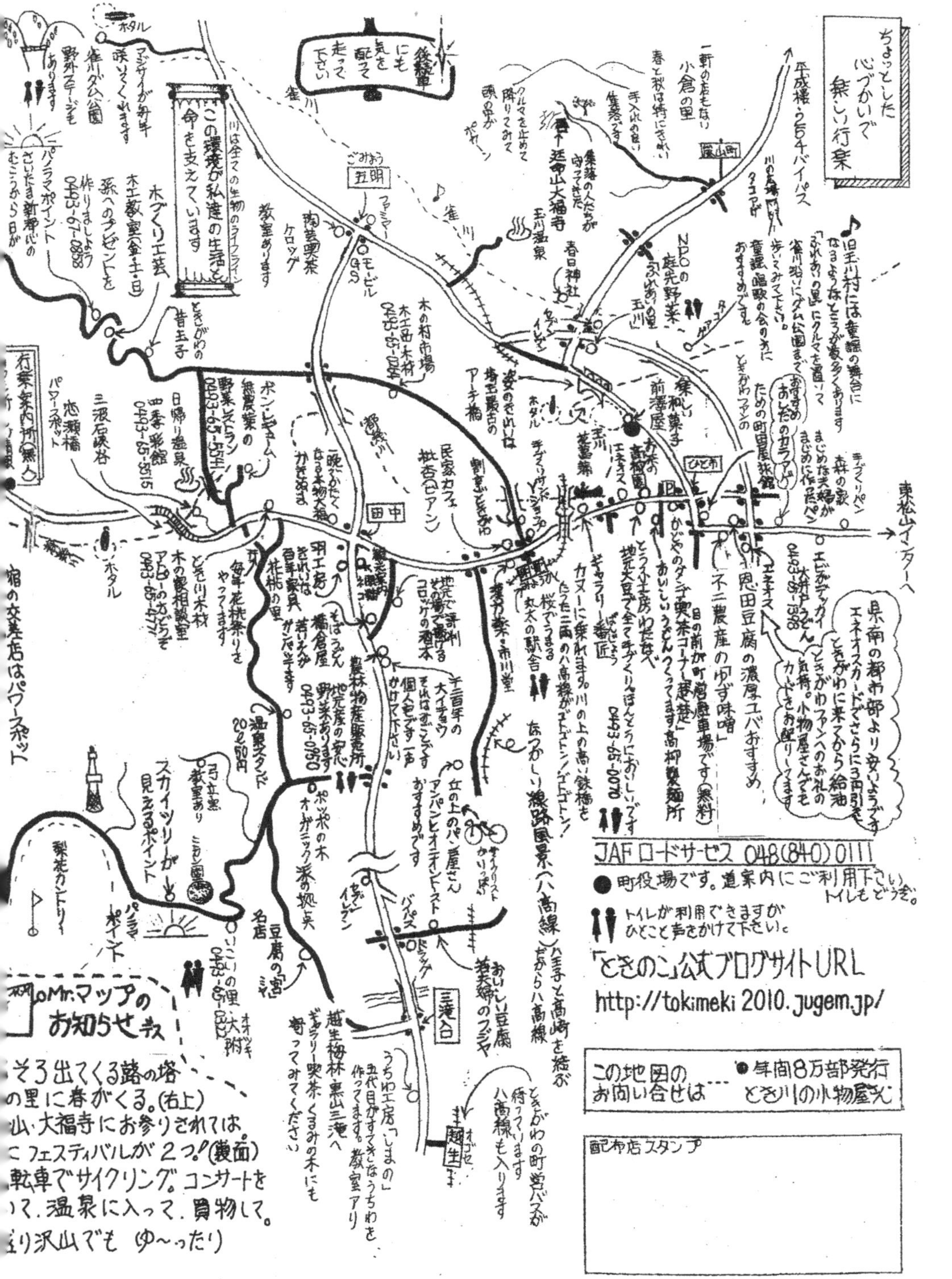

〇 Mr.マップのお知らせデス

そろ出てくる蕗の塔
の里に春がくる。（右上）
山・大福寺にお参りされては。
こフェスティバルが２つ！（裏面）
転車でサイクリング。コンサートを
いて．温泉に入って．買物して。
り沢山でも ゆ～ったり

JAF ロードサービス 048（840）0111

● 町役場です。道案内にご利用下さい トイレもどうぞ。

トイレが利用できますが ひとこと声をかけて下さい。

「ときのこ」公式ブログサイトURL
http://tokimeki 2010.jugem.jp/

この地図のお問い合せは…　● 年間8万部発行 ときがわの小物屋さん

配布店スタンプ

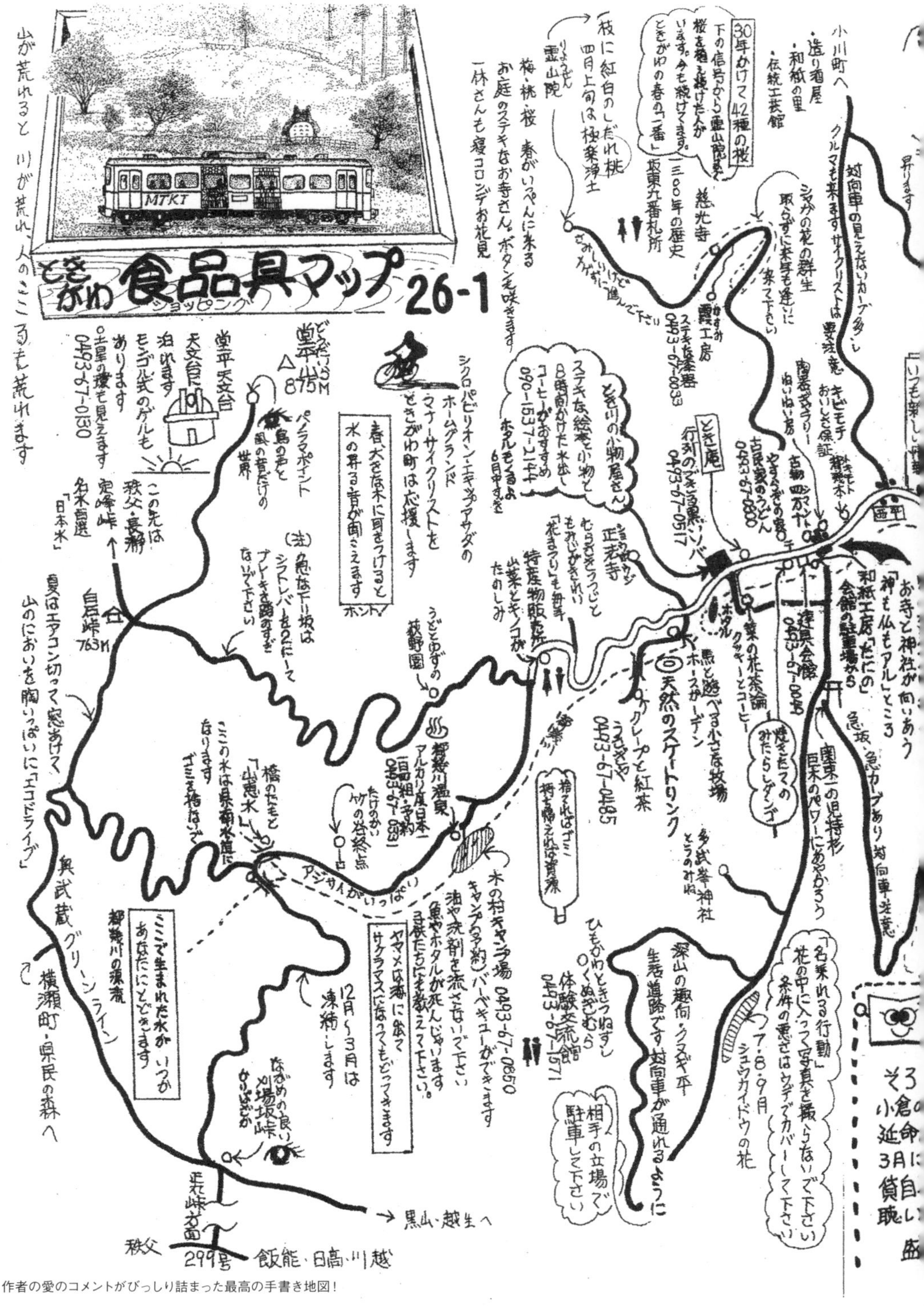

作者の愛のコメントがびっしり詰まった最高の手書き地図！

すごい手書き地図　その1

埼玉県ときがわ町
ときがわ食品具マップ

まずは32ページの手書きの地図を、じっくりと見てみてください。

これは、とあるきっかけで手にした、埼玉県ときがわ町の手書き地図。そもそもこれを入手した当時、埼玉に「ときがわ」というまちがあること自体、実は知りませんでした。恥ずかしながら。

しかし、初めてこの地図を目にしたときの感動は今も忘れません。あっという間に恋に落ちてしまったのです。それと同時に、すごい地図をつくる人がいたもんだと、いささかジェラシーまで感じたことも覚えています。地図が好きな人なら、きっと誰しもが一目惚れしてしまう魅惑の手書き地図だと、ぼくらは思っています。

日ごろ見慣れているデジタルマップや観光地図とは明らかに異なる、この生々しい手書きの風合いが最高です。なにしろ、土地と人に対する作者の温かい視点が、そして道や自然に対する溢れる愛情が、独特なタッチで所狭しと表現されているので、見ているだけで楽しくなってしまいます。

お店や見どころには必ず味わい深い〝ひと言コメント〟が書き添えられていて、とにかく情報量が半端ではありません。観光マップには載っていないマニアックな見どころと、地元の人でなければ書けない地域的・個人的なウワサやエピソードが地図一面を賑やかにしていて、なにか宝探しをしている気分になる、まるで〝読み物〟のような地図。世の中に溢れる観光情報とは一線を画した、作者の熱い思いからできあがった手書きの地図の魅力とは、いったいなんなのでしょう。これを頼りに現地を辿って歩けば、作者の気持ちになって土地の魅力を追体験できるのではないか……。そう思い、実際に使う側となって町を歩きながら、その秘密を紐解いていこうと思います。

人口1万人のまちに、年間8万部発行の手書き地図！

日本三大「焼き鳥のまち」として知られる埼玉県の東松山でインターチェンジを降りて、一路西へ向かうと、やがて車窓の景観は低くたなびく山々に囲まれた〝日本の田舎町〟の風景になります。とてものどかで、まさに日本の原風景といった雰囲気。つい最近まで「都《と》幾《き》川《がわ》村」だったこの地域は、２００６年に玉川村と合併して「ときがわ町」になりました。町を歩いていると、ときおりその名残を発見することができます。

かつては“村”だったときがわ。都幾川って書くんですねー

　この地図、なんと年間８万部（取材当時の２０１３年ごろのこと。なんと現在は10万部！）も発行されているそうで、もちろん無料で配布されています。こう言ってはなんですが、いわゆる〝ペラいち〟のコピーです。手間暇かけてつくられたフリーペーパーや雑誌でも、なかなか考えられない破格の部数。しかも、ときがわ町は人口１万人強の小さなまち。この地域で最強のメディアと言ってもよさそうです。

　この手書き地図が、町のあちこちのお店に必ずと言っていいほど設置されているわけです。地元の人も利用する日用品店はもちろんのこと、外からやってきた観光客が〝ショッピング〟に訪れるお店にもちゃーんと置いてあります。地図の見出しに「食品具（ショッピング）マップ」とあるのも、なんだか楽しい気分になってくるではありませんか。観光ガイド本などとは異なり、とても柔らかい雰囲気をまとっているのです。

その場所の名称より、誰かの「思い出」や「エピソード」が動機づけになる

　町の東に位置する「姿のきれいな埼玉最古のアーチ橋」と書かれた場所へ行ってみると、なんとも水のきれいな都幾川に出ます。ふつうの地図だったら、おそらく橋の〝名称だけ〟が書かれているでしょう。ところがこの手書き地図では、名称に添えられた「ひと言」の方が目立ちます。作者の言葉で、思ったこと・感じたことが、そのまま書かれている。これは、その場所への興味をひく大切なポイントといえます。

　おおげさに言えば、橋の名前は二の次でよくて、それよりも「どういう橋なのか」「この橋にはどんなエピソードがあるのか」を知った方が、人は好奇心を刺激されるはず。これは、ぼくら手書き地図推進委員会が大切にしていることと一致しています。すなわち「個人的な思い出や、土地の記憶を可視化

する」ことが、手書き地図のよいところ。「姿のきれいな埼玉最古のアーチ橋です」と聞くのと、「アーチ橋です」と名称だけ聞くのとでは、行ってみようという動機づけに大きな差が出るのは間違いありません。

埼玉最古のアーチ橋で清らかな都幾川の流れに触れる

主役は「地図を使う人」地図に書いていないお得情報の発見もうれしい

「ひと市」の交差点を西に入ってすぐ、この町一番人気のお土産屋さんを見つけることができます。地図には「とうふ工房わたなべ　地元大豆で全て手づくり。ほんとうにおいしいです」とひと言。その素朴なコメントに惹きつけられてお店に入ってみると、大人気の豆腐が飛ぶように売れていました。お土産買いの人はもちろん、地元の人も買いに来ている様子。地図に「とうふ工房わたなべ」だけしか書いてなかったら、ここには入らなかったかもしれません。

それでちょっと観察していると、おからドーナツとともに豆乳の人気も凄まじいようで、ついつい釣られて買ってしまいました。その場でドーナツを美味しくほおばっていると、何人もの人がタンクを手にやってきては、次々に水を汲んで帰っていく姿を発見。

なんだろうと思ったら、お店の敷地内に湧き出す地下水を無料で持ち帰ることができるそうで、どんどん人がやってきては汲んで帰る。水が美味しければ豆腐だって美味しい。きっと無料の水の存在が町外にどんどん知れわたり、それなら豆腐も美味いだろうと評判が評判を生んでいるのでしょう。

添えるひと言は「地元大豆で全て手づくり。ほんとうにおいしいです」という、お店本来の魅力だけ。無料の地下水のことも、おからドーナツのことも、この地図には書かれておらず、実際に足を運んでみないと知り得ないことでした。つまり、地図を手に訪れた人の楽しみを、ちゃーんと残してくれているわけです。こういうところにも好感が持てます（勝手にそう思ってるだけですが（笑））。

ちなみに、このお店にも「ときがわ食品具マップ」が置いてありました。

激ウマのドーナツ。飛ぶように売れてました……

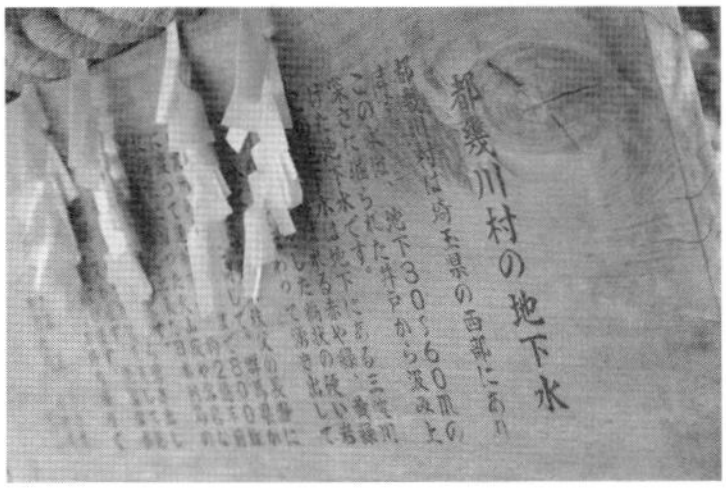

汲みに来る人が絶えないおいしい地下水。
近所にこれあったら間違いなく通う……

やすらぎの家。本当にやすらぐ空間。古民家最高

会話がはずむ手書き地図は町一番のメディアかも?!

ここから一気に地図の中心あたりに目を移すと、建具会館の近くに「古民家のうどん やすらぎの家」と「行列のできる黒いソバ とき庵」があります。空腹だったので、黒いソバにも興味をひかれつつ、古民家の雰囲気も捨てがたいなと「やすらぎの家」に入ってみました。

ここは100年以上も前の古民家を移築した農山村体験交流施設とのことで、地域のおばちゃんたちが腕をふるう武蔵野うどんは、一度食べに来る価値ありの美味しさ。もちろんこのお店にも「ときがわ食品具マップ」があって、うどんをすするお客さんのほとんどが手にしていたのには驚きました。

シニアのご夫婦は「おとうさん、次はどこにいこうかしらね？」といって地図に見入り、小さい子どものいるファミリーなら「えー、スカイツリーが見えるんだって！ここ行きたーい！」といった具合に。突っ込む余地があったり、話題にするきっかけになったり、会話のネタになるというのも手書き地図のよさですね。

ちなみに、ときがわ町は埼玉県一の生産量を誇る建具が名産で、特に「建具会館」にはあらゆる家具や加工された謎パーツが展示販売されており、見ているだけでも面白くなります。しつこいようですが、このお店にも手書き地図は設置されていました。すごいなぁ。

こんな具合に、手書き地図を〝読みながら〟あちこち訪れているだけで、気づけば落日を迎えてしまうわけです。内容が濃すぎて、そして楽しすぎて、まだ地図の半分も行けていません(笑)。帰るころには「また来よう、次はあそこに行こう」という気分が芽生えているという不思議。こんな手書き地図、なかなかありませんよね。

実はとても楽しかった建具会館。
生活道具、扉、ナゾの部品もあったな……

「不完全」でOK！
美しく正確であるべきという先入観を壊そう

距離にしてざっと7km程度の範囲をクルマで動きました。もちろん歩いたところもたくさんあります。時間にすると8時間ほど、地図を片手に町遊びしたかなぁ。地図を見ると、2～3時間もあればまわれるような印象を受けましたが、実際には半日かけても地図のごく一部しか行けなかったことになります。

この「計算できない感じ」こそ、手書き地図の面白さ。予想を超える、期待を裏切るスケール感(笑)。なにせ地図上では「すぐ行ける」くらいに思っていた場所が、実はクルマで30分も離れていたりするのですから。

現代社会に生きるぼくらは、目的地に向かうとき、正しい経路を最短距離で移動することに慣れてしまっているようです。そして、計画通りに行動できないと、いささかストレスを感じたり、モチベーションを下げてしまったりもします。ですから、地図には正確性はもちろんのこと、情報の網羅性とか公平性を求めてしまうし、その結果として最短で動けないと不満すら感じてしまいます。だから、地図にはいわば〝正解〟を求めている気がするのです。カーナビなどはそのよい例で、それこそ最短距離で効率的な道順を提案してくれますからね。

しかし、目的地ばかりを見ていては、足元を猛スピードで過ぎ去ってしまう情緒的な物語や一見して目立たない見どころに気がつくことができるはずがありません。ときには立ち止まって道を振り返ってみたり、目線を下げて足元を見たり、道を間違って右往左往する方が、実は新しい発見があるというもの。

その意味で、手書き地図は「不完全」でいいと思っています。距離感や方角、高低差など、地形的な正確性がやや欠けてもＯＫ。その代わりに「明確にできない土地の情緒」や「あやふやな土地の記憶」ですら自由に表現できて、土地本来の物語をあぶり出し、可視化する面白さに満ち溢れているのが、手書き地図なのだと思うのです。絵や字が上手である必要はなく、大切なのはつくり手ならではの視点と表現。楽しみながらつくられた地図は、それだけで手にしたぼくらを楽しませてくれるのですから。

今あるもので、何ができるか？ ときがわ手書き地図の源流

ときがわ食品具ＭＡＰをつくった人は、いったいどんな人なのだろうか……。ワクワク、そしてドキドキしながら「とき川の小物屋さん」を訪ねてみると、マスターの川崎敏雄さんが笑顔で迎え入れてくれました。

２０１２年の夏にこの地図と出会って、一目惚れして以来、この「ときがわ食品具ＭＡＰ」を頼りに気になる〝ひと言〟を追って、あちこちに足を運んでいます。作者の川崎さんの元を初めて訪ねたとき、名物の水出しコーヒーをオーダーしました。まるでコーヒーゼリーのような、懐かしい味。面白かったのは、手書き地図に書き込まれているフレーズが、コーヒーカップにも貼られていること。自然を愛する川崎さんならではの標語のようなものです。

もう30年以上も前のこと。川崎さんは秩父への旅をきっかけに、ときがわへ〝通う〟ようになったそうです。あるとき、秩父の旅からの帰路に通った渋滞の国道を避けて、堂平山を抜ける峠道の途中で車を停め、深くふかく息を吸ったのが今のお店の前だったそう。そこで空気の美味しさに気づく一方で、都会に暮らす自分の呼吸の浅さを自覚したといいます。

「観光に来た人がね、みんな〝ショッピング〟ばっかりしているんですよ。もちろん商売していれば、それは嬉しいことではあります。ただ、ちょっと気づいて欲しいんですよ。ときがわの自然や、町の面白い人たちに」

今持っている資源や使える材料をどのように活用すれば、町の魅力を伝えられるのか。考えを重ねた結果たどりついたのが「手書き地図」で、10年以上も前からつくりはじめたそう。当時はB5程度の小さな紙に書いていて、情報が増えてくるとA4となり、やがてA3に。今では季節情報を差し替えたりして、1年のうちに何度か〝更新〟しながらコピーした地図は、いつしかときがわ町の名物となっていました。

そんな川崎さんが、いつも意識していることがあるそうです。それは「行楽客を裏切らない」こと。また来たい！と思ってもらえるように、日ごろの振る舞いを正して、一般的な観光マップでは知ることができない「生の地元情報」を、自分の言葉で表現するようにしているといいます。正確さとか効率とかではなく、なにを大切にしたいのかが、川崎さんに明確にあるのでしょう。

「ときがわ町には自動車やバイクで来る人がほとんどですが、車窓から見える景色はほんの一部なんですね。ちょっと降りてみて、ゆっくり周囲を見回してみてごらんなさい。深呼吸してみてごらんなさい。目をつぶって耳を傾けてみてごらんなさい。ね？　いつもとは違った風景が、ここにはあるでしょう？」

小物屋さんを出てから、川崎さんがおっしゃっていた「クル

「とき川の小物屋さん」。
向かい側の谷戸と小川の風景が風光明媚すぎる！

ウワサの水出しコーヒー。なんだか懐かしい味

本人のご希望で“肖像画”でご登場いただきました(笑)

マを降りて、ゆっくり周囲を見回してみる」のによい場所に行ってみました。地図によれば、嵐山方面の里山に「一軒の店もない小倉の里　春と秋は特にきれい　手入れの良い集落です」と書いてあります。そして、こんなことも。

「クルマを止めて降りてみて頭の中がポカーン」

こういうことを自由に書けるのが、手書き地図のよいところだよなぁと、夕暮れのときがわ町を後にしたのでした。

あ、そうそう、その後の川崎さん。この「ときがわ」の手書き地図だけでは飽き足らず、周辺地域の地図までつくっちゃったそうです。これは入手しないわけにはいきません。というわけで、また川崎さんに会いに行かなくちゃ！

地図にある“ポカーン”のスポットで夕暮れを堪能。みんなでポカーン

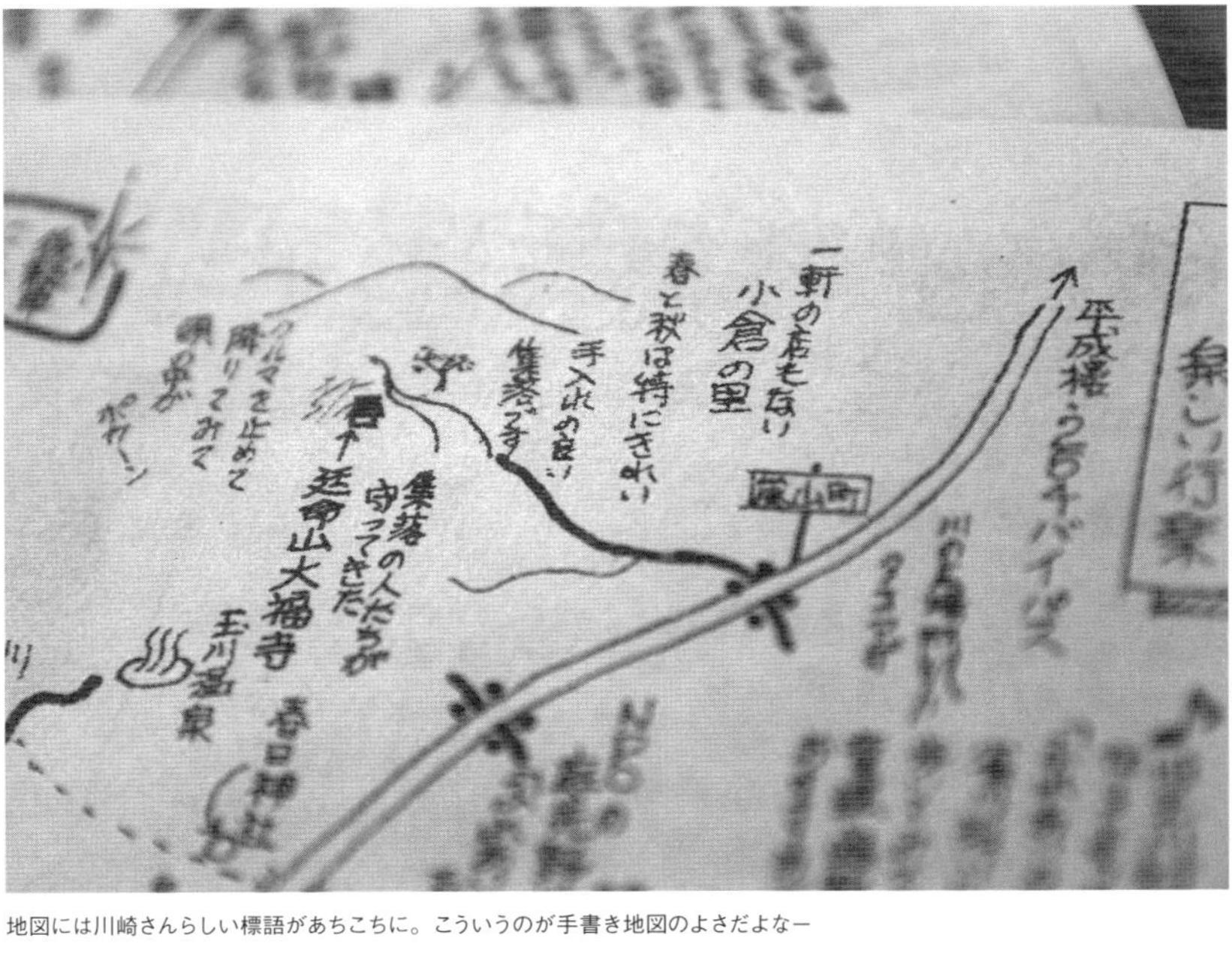

地図には川崎さんらしい標語があちこちに。こういうのが手書き地図のよさだよなー

すごい手書き地図　その2

長野県下諏訪町

下諏訪アースダイバーツアーマップ

２０１５年８月われわれ手書き地図推進委員会は、下諏訪に伺うことになりました。そもそも、２０１３年の活動当初からどうも長野県の皆さんからのお声がけが多いのですが、中でも下諏訪とのご縁は、われわれの活動をいち早くキャッチいただき、２０１５年春に自作の手書き地図を送っていただいたことからはじまります。送っていただいたのは長野県諏訪地域にお住まいのアルキニスト・降旗香代子さん。

メッセージには、「時々、歩いては手書き地図を描く、としておりまして、先日手書き地図推進委員会のページを見つけてとてもうれしくなりフォローしてます。最初は一人で歩いて描くということをしていましたが、目にとめてくれた友人が地

(上)「スワシュラン issue3」 2014年3月発行。
諏訪地域に住む人が「スワのスキ！」を集めたファンブック

(中)「下諏訪肉物語」 2015年3月発行。
下諏訪町の各種肉グルメを探求した小冊子

(下)「スワニミズム2号」 2015年4月刊行。
諏訪地域の歴史や諏訪信仰を研究する団体の会報誌
2014年4月に実施したフィールドワークの詳細としてマップ作成

「スワニミズム」事務局長石埜さん（写真右）とアルキニスト降旗さん（同左）降旗さんから手書き地図を送っていただいてこのご縁が始まりました

域の小冊子に描いてはどうかということで地図の作成を担当し、去年から今年にかけて、3つの地図を描きました」とあります。添付してある素敵な手書き地図を見て、これは伺わなくてはなるまいということで、2015年8月、委員4人一同は下諏訪を目指して車を走らせました。

向かう途中のSAではつい甘いものを買いがちなおじさん4人、ゆるして

手書き地図の縁により一同、下諏訪にて大邂逅

降旗さんと落ち合うため指定されたカフェは、ノスタルジックな商店街の中に佇む「Cafe Tac」。ふー暑い暑い！ 名物のガレットや、かっちり冷えたビールで一息しつつ、お互い自己紹介をしつつ。縄文&諏訪信仰談義からスタートしました。

降旗さんが参画する縄文文化と諏訪信仰の研究会「スワニミズム」事務局長の石埜三千穂さんも駆けつけてくれました。

丁寧な手書き地図です

石埜さんは、スワニミズムでの活動と研究を中心に、下諏訪のディープなツアーを主催しています。ちなみに手書き地図推進委員会のおじさん4人は、この分野が大好物です。

それを察した石埜さん、さっそくとある地図を手に説明を始めました。「武居の里 アースダイバーツアー」と題されたそれは、2014年5月作成のもの。諏訪大社のうち、下社秋宮を巡るディープなローカルツアー用の手書き地図で、これも降旗さんによるものです。こうなれば、外の酷暑なんてなんのその！ 行こうじゃないの、ダイブしに！ 真っ昼間のビールに足をふらつかせながら、石埜さんと降旗さんのガイドで「武居の里 アースダイバーツアー」に繰り出しました。

石埜さん(写真右)と降旗さん(同左)。素敵な2人です

石埜さんからいろいろと興味深いお話を伺います

ささいな場所も手書き地図により俄然意味を持ちはじめる

移動しながら適宜、手書き地図を確認します。諏訪大社はもちろん、見逃しそうなシンボリックなサインのある建造物や祠。諏訪信仰を象徴するそこここに建てられた御柱。諏訪湖を望む昔からあったであろう様々な小さな道。突如現れる古い石垣と石敷の道。謂《いわ》れのある「いいなり地蔵尊」や、諏訪地方で唯一現存する前方後円墳の青塚古墳。それらにまつわるディープなお話を伺いつつ、下諏訪をまわります。伺いながら、みんなで「へー」「なるほどー」の連発。普通に歩いていたらどう考えても通り過ぎているようなところが突如輝く瞬間です。

そして、武居恵比須社。拝殿の奥の社は4本の御柱によって守られています。この4本の柱は、諏訪信仰の象徴。諏訪大社の4社はもちろん、先ほどの青塚古墳の社など、この地域の諏訪信仰と関わりがある社の多くにこの御柱が立てられています。武居祝神の前で、この地の習わしを説明してくれる石埜さん。このアースダイバーツアーの手書き地図は「武居の里」というタイトル。この〝武居〟という姓に下諏訪のロマンが秘められていることがよくわかりました。1つのテーマによって書かれている手書き地図。それを持ってその土地を案内してもらいながら巡ることで、初めて訪れたわれわれにもわかりやすく、時間の流れを伴い立体的に物語が浮かんで見えるようになり、作者が伝えたいと大事にしている部分もよく理解できました。

地元の方、さらに好きな分野に特化した手書き地図ならではのツアーに委員会面々もテンション上がりまくりです。面白すぎる!

そのつど手書き地図で確認! これ重要

諏訪信仰の象徴である御柱が立てられている武居恵比須社

書かずにはいられないことがある！
偏愛こそすべて

町そのものが歴史や文化を大切にしていて、そこに暮らす人たちは、様々なカタチでそれを記録し残しています。手書き地図も、その手段の1つ。情熱を持った人がそれら有形無形のことを書き留めるのはいつの時代も変わらないと思います。自分のメガネを通して見える町の魅力を、自分が好きなように書きあげて、それを外から来た人に楽しんでもらう。今回はまさにわれわれ手書き地図推進委員会が楽しませてもらったわけですが、こうした「町の人がそれぞれの分野で想いを込めてつくった手書き地図」で巡るツアーが日本のあちこちでもっともっと盛んになると、俄然《がぜん》日本が楽しくなってくると思います。われわれがワークショップで皆さんに「偏愛こそすべて！」と自信をもって言えるのは、それぞれの地元で楽しみながら、かつ真剣に日々活動している、たくさんの笑顔を見ているからなのです。

石埜さんはわれわれにエリアのポイントでその都度情熱的に、丁寧に教えてくれました

すごい手書き地図 その3

佐原まち歩きマップ

千葉県香取市佐原

平成の大合併によって「香取市」になった千葉県の旧佐原《さわら》市。最後に紹介するのは、その佐原で出会った手書き地図です。町名として名称が残っている佐原、かの伊能忠敬が養子婿として入った地だということをご存じでしょうか。ぼくら手書き地図推進委員会としては当然スルーすることのできない重要な〝聖地〟で、その昔、メンバーそろって〝巡礼〟をしました。その時に取材した手書き地図が、とても印象に残っています。作者の佐原への愛がとても深く、特に地図を楽しむ秀逸なアイデアには舌を巻きました。各地の講演会や手書き地図ワークショップで毎回話すこのネタを、ここでも披露したいと思います。

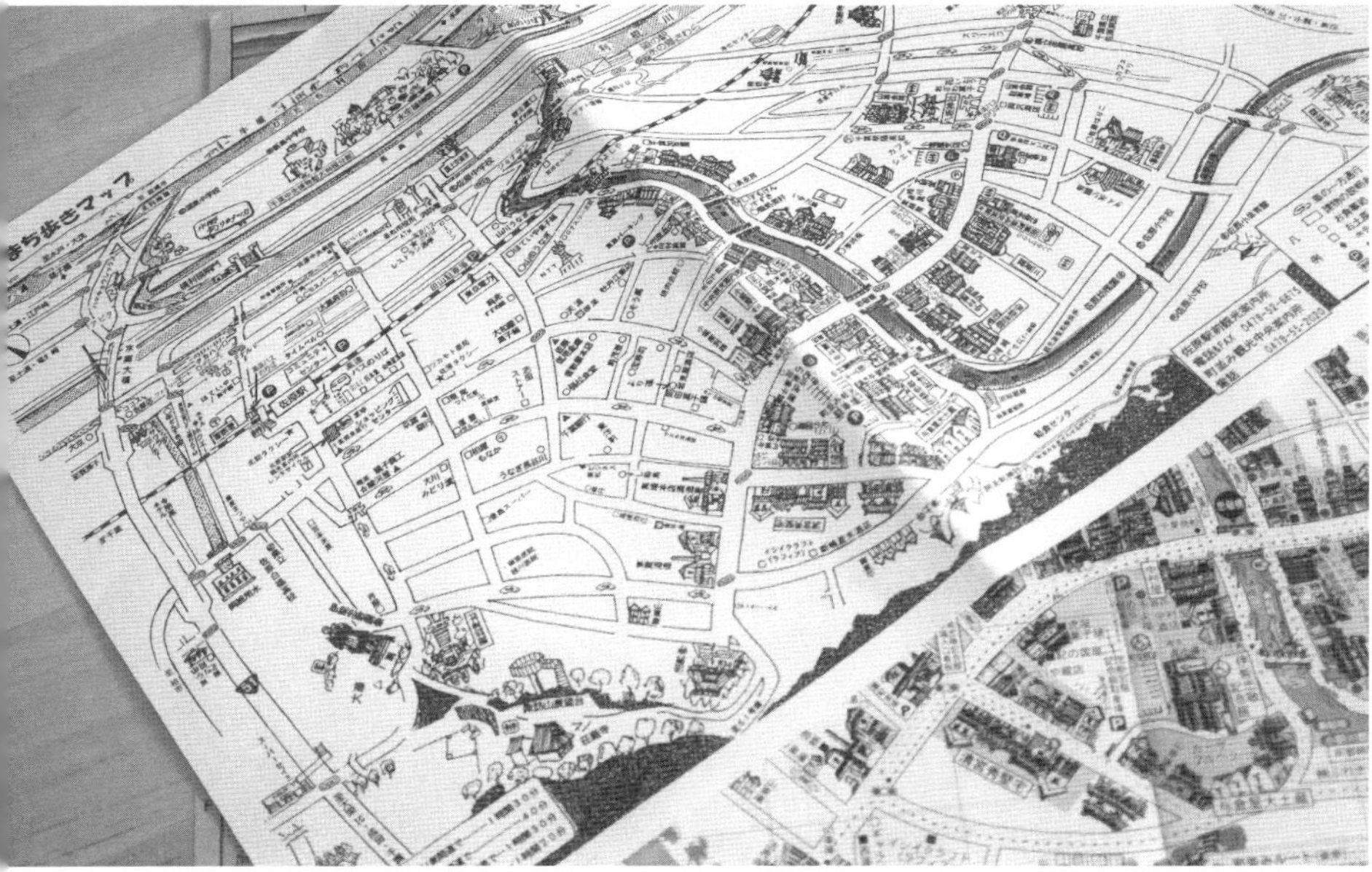

作者が考える佐原の魅力がびっしりと！

強調したいものは、遠慮なく大きく書く！

圧倒的な熱い語り。古くから「神宮」をその名に冠する香取神宮の存在感、利根川と小野川の物流・文化交流上の重要度、未来へ受け継ぐべき貴重な建築物や祭りなど、出るわ出るわの佐原愛。地図の作者・越川悦子さんの取材は、ほとんどが佐原の歴史談義となってしまいました。途中何度も「手書き地図の取材なのに、歴史の話ばかりでごめんなさいね～」と気遣いをいただきながらも、またすぐに「で、この祭はね……」と話が戻ってしまう。ぼくらも歴史話は大好物だから、それでそれでとついつい催促。うっかり歴史談義で終了となってしまうところでしたが、話の端々に重要なキーワードを得ることができました。

例えば、手書き地図は作者が自由につくれるものなので、「何を強調したいのか」がすべてだと越川さん。だから、地図づくりの前に、まず「町を知る」ことが大切だと何度もおっしゃっていたのが印象的でした。ぼくらもまさにそう思います！

「銀行や呉服店などの古い建物や歴史的なものがやけに大きく描かれてますね（本当に大きい、極端に！（笑））」というこちらのツッコミに対しても、「だってそこを目立たせたいんだもの～！」と言って明るく笑い飛ばす越川さん。町の中心を流れる利根川水系の一級河川「小野川」沿いに立ち並ぶ古く情緒的な建物がこの町の象徴であり、作者にとって大切なものだということが、一目でわかります。白黒の地図なのに、川だけは鮮やかな水色をつけているところも印象的。地図を手にした人が、この川を中心にコト・モノ・ヒトが佐原を行き交ってきたことを想像できるよう、視線を奪う工夫の1つとなっています。町への情熱の塊だった越川さん。佐原の話を始めたら止められません！

町の歴史談義がそのまま地図になった

江戸以上に江戸らしかったという佐原は、江戸優《えどまさ》りと称された歴史深い水郷の町です。その町並みと文化遺産を後世に伝え残したいと、教員生活を終えた次のステージとして、佐原町並み交流館を拠点に町のガイドを行っている越川さん。その活動の一環で、外から来た人に佐原の大切なものを知ってもらうべく、「佐原まち歩きマップ」という手書きの地図をつくったそう。これがもう歴史的な町並みだ

にこやかだけど熱い！ 作者の越川さん

けの地図！ まさしく「この人にして、この地図あり」なのです。

編集長は、あなた自身！
手書き地図は"自分由来"でいいんです

縮尺の正しさはあまり気にせず、見て欲しい部分だけを極端に大きくする。すべての情報を公平で網羅的に載せる必要がないのも、手書き地図のいいところ。なにしろ、編集長は作者その人なのだから、自由でいいのです。これまで取材してきた日本各地の手書き地図の作者も、皆一様に同じことを口にしているのが興味深い。曰く、「だって、自分が載せたいものだけにしたいんだもん！」

1枚の地図にあらゆる情報を公平に載せるのではなく、偏愛的に載せたいことだけを堂々と書き込む。すると、その地図で伝えたいこと（テーマ）がハッキリしてくるわけです。ほかに伝えたいことがあるのなら、別の地図をまたつくればいいじゃん、という割り切りが大事なんですね。

地図が楽しくなるクリアファイルという好アイデア

佐原で出会ったもう1つの地図に、素晴らしいアイデアがありました。それがこの写真です。おわかりでしょうか？

そうです、クリアファイルです。このような手書き地図のプロダクト展開の可能性については第5章でも詳しく説明をしますが、このクリアファイルとの出会いはまさに目からウロコでした。東京理科大学の学生さんのアイデアを採用したものだそうです。まず本体のクリアファイル自体には、現在の町の道路と信号と川があらかじめプリントされています。そこに、川と道に沿った「佐原の町並み」「指定文化財」「土産・食事・宿泊」のテーマ別イラストマップを挟むことができます。すると、江戸の情緒ある町の様子と、平成（当時）の佐原の様子が見事に重なっていくわけです。

こうすることで、まず「目的別」の使い方が可能になります。作者が目立たせたいもの、つまり「地図のテーマ」を分けて作成しておけば、利用者は1つのクリアファイルの中身を差し替えて目的別に地図を楽しめる、というわけ。さらには、町中を歩いている際に雨が降っても、クリアファイルだから紙の地図は守られるし、道中で入手したショップカードや観光パンフ

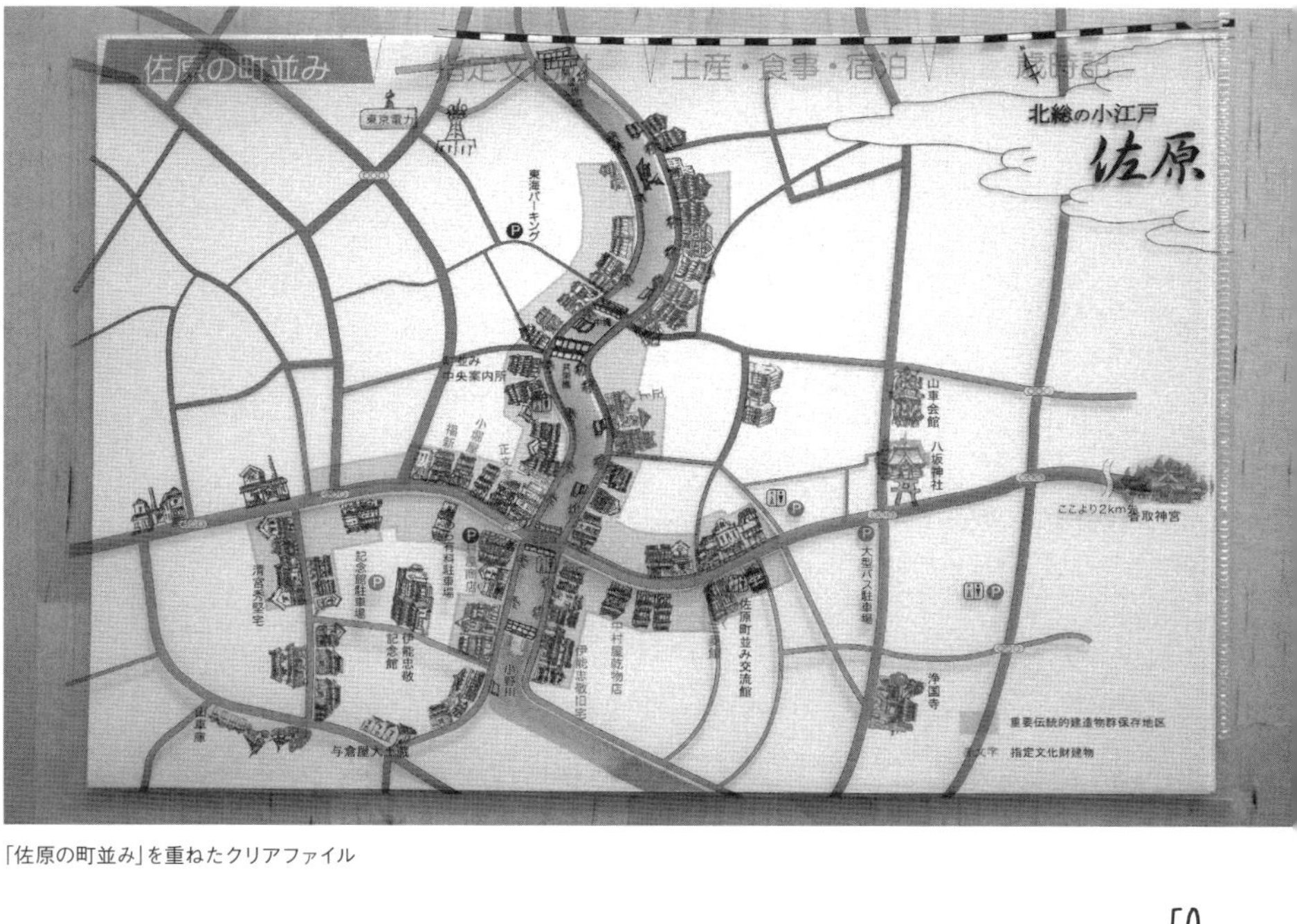

「佐原の町並み」を重ねたクリアファイル

レットなどもここに挟みこんじゃうことができるので、便利この上なし。これはぜひ真似したいアイデアですね。そしてなんとこのクリアファイル、越川さんが所属するＮＰＯ法人「小野川と佐原の町並みを考える会」がつくっているものなのですが、かなりの反響を呼んだそうで現在は在庫がないとのこと……。復活を希望します！

こうして、初めて訪れた佐原を楽しくガイドしてくれた「佐原まち歩きマップ」。あらかじめテーマを分けた地図をクリアファイルに入れ替えながらまち歩きするのは、便利だし新鮮だしで、本当に楽しかったですよ。

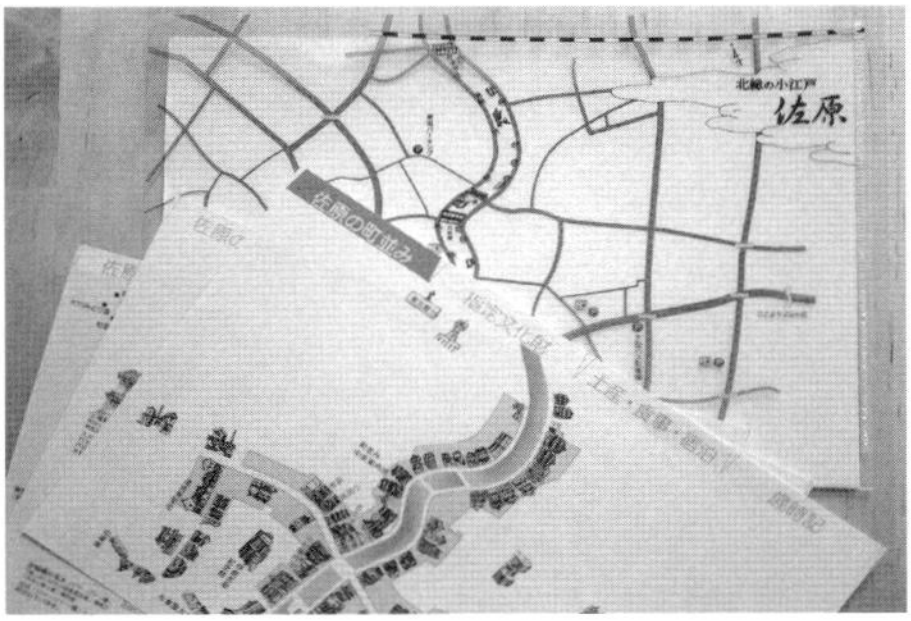

様々なテーマを入れ替える楽しさアリ！

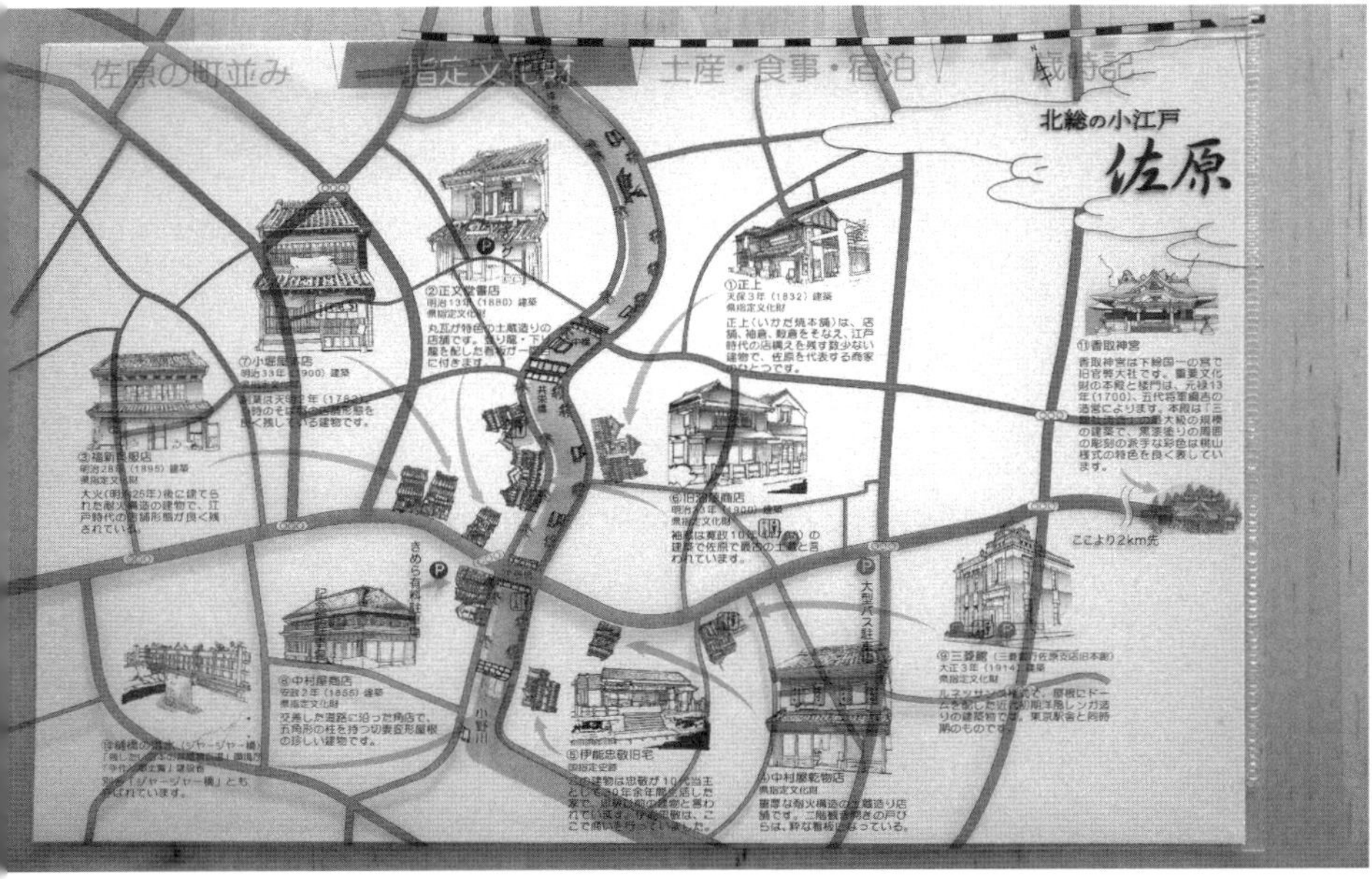

こちらのクリアファイルは「指定文化財」のレイヤー

ウナーサイクリストを
ときがわ町は応援します

春、大きな木に耳をつけると
水の昇る音が聞こえます

ホント!

堂平山
△875M

パノラマポイント
鳥の声を
風の音だけの
世界

(注)急な下り坂
シフトレバーも
ブレーキも両方

第2章

座談会から始めよう

手書き地図は〃作戦会議〃がほぼ8割！

作戦会議という響きには、どこか子どもが〃いたずら〃を企むような遊び心が感じられて、ワクワクしますよね。手書き地図ワークショップの最初の工程「座談会」でもついつい作戦会議って言ってしまうのですが、それは参加するみなさんと一緒に〃真剣に遊ぶ〃空気感を大切にしたいから。「よーし、じゃあ作戦会議、始めよう！」と大きな声で宣言するだけで、その場の雰囲気が〃なにか企んでいる〃感に染まっていくから不思議なものです。これで参加者みんな共犯です（笑）。

さて、手書き地図ワークショップにおいては、この作戦会議で地図の8割ができていると言っても過言ではありません。作戦会議という名の「座談会」で出た話を中心に、地図に書き込んでいくからです。では、地図づくりを左右する座談会とは、いったいどういうものなのか。老若男女が手書き地図を楽しめる場づくりの秘密を、ここで明かしていきましょう。

誰でも地図づくりを楽しめる心得「手書き地図憲章」

手書き地図推進委員会が考える「手書き地図」とは、ウワサやエピソード、目に見えない物語や思い出を〃可視化〃したもののことです。つまり、そこに暮らす人の個人的な思い出や、その土地に伝わる昔話のような物語とか諸説ありのウワサ話などを、目に見える「地図」に落とし込んだもののこと。絵の上手い下手は関係ありませんし、道やビルなどをきっちり正しく書くわけでもありません。正確性とか公平性とか網羅性とか、そういうことを気にする必要さえ、

ちっともないのです。

そこで、ぼくらが考えた「手書き地図憲章」について、ここで共有しておこうと思います。これは手書き地図をつくる際に大切にしたい、いわば基本指針のようなもの。地元の手書き地図をつくろうと集まったみなさんが、気持ちよくワークショップを進めていくための羅針盤であり、手書き地図づくりの前提ともいえるものです。それがこちら。

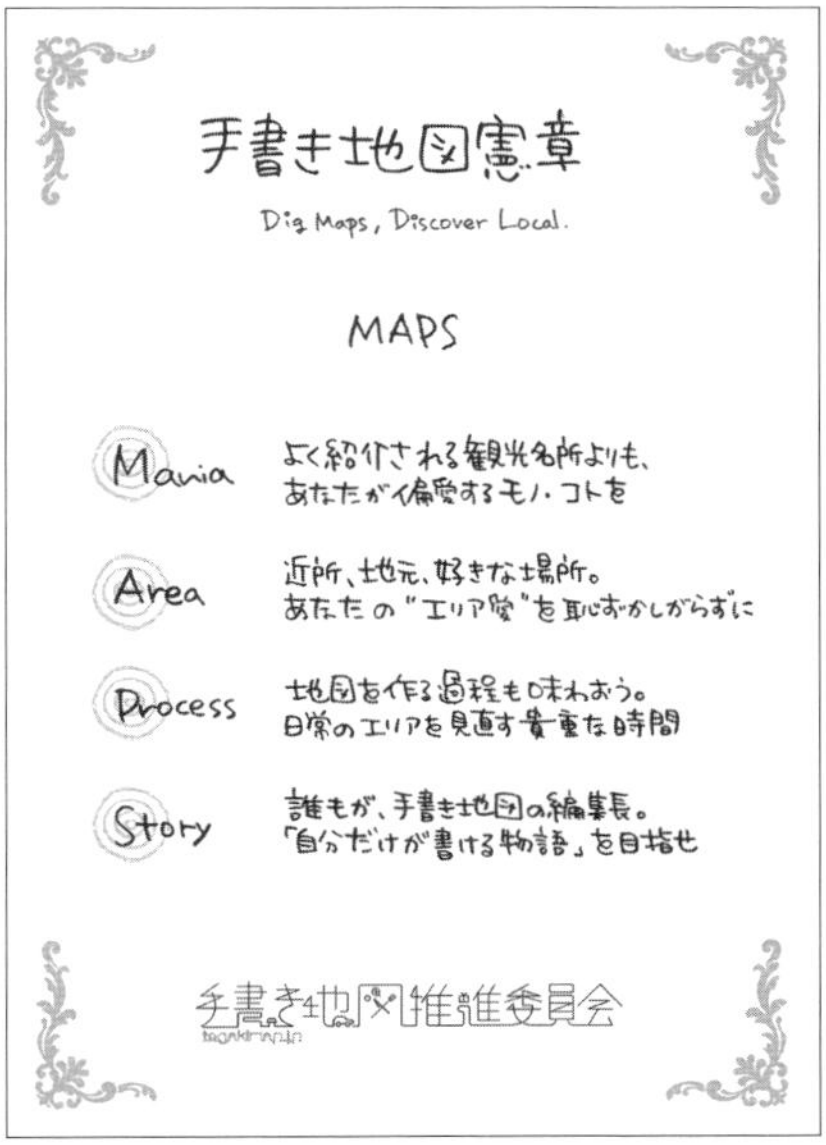

お気づきだと思いますが、地図にひっかけて「MAPS」という言葉遊びになっています。とはいえ、ただのダジャレではありませんよ。ちゃんと意味があるんです！

M Mania

～バランスよりも〝カタヨリ〟が大事～

よく紹介される観光名所よりも、
あなたが偏愛するモノ・コトを

世の中には、すでにたくさんの地図やガイドブックが存在しますよね。これから新しいオリジナルの地図をつくるのですから、わざわざそれらと似たようなものをつくっては意味がないでしょう。自分たちならではのものにしたいですよね。

そのために大切なのは「偏愛=マニアックでよし！」という気持ちです。みんなが知っていることではなく、あなただけの個人的な思い出や体験にこそ、観光マップなどには載っていない価値があります。地域のウワサ話や、あなたが体験した個人的なエピソード、おじいちゃんやおばあちゃんから聞いた〝本当かどうかわからない〟ような話だってＯＫ。

この地図を見た人すべてにいい顔をする必要はなし。他人の反応を気にして遠慮してつくるのではなく、自分たちが気持ちよくつくるのが一番です。ですから、作戦会議たる「座談会」では、参加者それぞれが好きなモノ・コトを自分の言葉でどんどん書き出すことに、大きな価値があるのです。手書き地図ワークショップは、その瞬間・その場所にいる参加者たちと繰り広げる〝ライブセッション〟のようなもの。バランスを気にするのではなく、この時ばかりはあなたならではの〝カタヨリ〟をぜひ楽しんでください。

A
Area

～照れずに〝偏愛〟を告白する～

近所、地元、好きな場所。
あなたの〝エリア愛〟を
恥ずかしがらずに

ずっと暮らしてきた土地や、大好きで何度も足を運んでいる場所には、人それぞれの思い出と愛着がありますよね。それをわざわざ口にするのも気恥ずかしいものですが、その照れを乗り越えて、えいやっ！で子ども時代の思い出や日ごろの出来事などを話してみてください。

するると、あら不思議。ほかの参加者からも「え、そうなの？うちはこうだったよ」とか「実はあそこで……」みたいな経験談が出てくるはず。こうなったらこっちのものです。

P
Process

～自分史の再確認が地域の再発見になる～

地図をつくる過程も味わおう。
日常のエリアを見直す貴重な時間

あなたにとっての日常は、他人にとっての非日常です。例えば「アジフライには、ソースか醤油か」といった議論をするとき（しない？（笑））、ぼくにとっては醤油が日常なので、ソースは非日常です。魚にソースなんてありえない！って思っています。さらにマヨネーズとか塩とか斬新すぎる……。おっと、いささか脱線しましたが、こういう身近な事例にだって〝日常の相違〟があるくらいですから、書き出してみれば枚挙にいとまがないことは推して知るべし、です。

これまで表にされていなかっただけで、実は知らなかった地元のアレコレがきっとあるはず。忘れてしまっていることだって、たくさんあることでしょう。そしてそれは、隣の人にとっても同じことなのです。

参加者同士で少しずつ地元のことや自分の経験を思い出しながら話を出し合っていくと、お互いの発言が刺激となり、ヒントともなって、自分&地元の再発見につながっていきます。こうした一連の流れを楽しむことも、手書き地図ワークショップの醍醐味。もちろん、大きな模造紙にばーっと自由に書くのだって、楽しみたいプロセスの1つです。だって、普段あまりやらないでしょう、大きな模造紙に絵や字を書き殴るなんて！

Story
～鍵は〝個人的な思い出話〟にあり～

誰もが、手書き地図の編集長。
「自分だけが書ける物語」を目指せ

ふつう地図を見ると、真っ先に目に入るのはお店や通りなどの「名称」ですよね。どの地図にもその場所や店舗の名前は明記されているものです。しかし、そのお店の名前だけではなくエピソードや物語が一言添えられていたら、「行ってみたい！」という興味のアンテナがピンと立つのではないでしょうか。

例えば「大内ベーカリー」だけなら一般の地図にも書いてあること。しかし、手書き地図の場合はこんな風に書くのが気分です。「パン3つでコーヒーが一杯無料！（店主の趣味で豆もハイレベルらしい）大内ベーカリー」といった具合に。まあ、これはあくまで例ですけどね（ぼくが大内なので（笑））。

整理すると、「名称より特長、特長よりウワサ」となります。店名よりそのお店の内容（ひと言）を、その内容よりもそこで囁かれているウワサや物語を重視する。こうして、名称には必ず「そこにある物語」を添えるようにしていけば、地図全体がまるで読み物のようになっていくわけです。

編集長は、つくり手であるあなた自身。誰でも知っている共通の話題ではなく、自分だけが知っている物語が多いほど、ほかにはないオリジナルな地図になっていきます。どんどん自由に書き添えていきましょう。

そうそう、編集長を何人かで持ちまわってみるのも面白いですね。「前回はぼくがやったから、今回は君が編集長ね」という風に責任者を変えていくことで、視点やテーマが変わるため、つくる地図も変わりますし、仲間の出番をつくることもできるというわけです。

グループワークは、内（地元）と外（手書き地図推進委員会）の相乗効果で

場づくりなんて言うと、ちょっと難しいことのように感じてしまいますが、大切なのは「楽しむぞ！」という気持ちを持つこと。それと、なにを言っても、なにを言われても、まず受け入れて面白がる、という姿勢。これがあれば、その場が賑やかで楽しいものになります。

手書き地図推進委員会のワークショップでは、まずぼくら自身がファシリテーターとなって、その地域のことを積極的に楽しませてもらっています。とにかく、遊ぶ、聞き返す、そして面白がる。なぜかといえば〝外の人の目線〟になる必要があるから。ほかの地域にとって珍しいことも、そこに暮らす人にとっては日常ですから、それに気づいてもらうべく「よそとは違いますね、面白いですね！」と指摘する役割が大切だからです。各地を旅して見聞を広めている手書き地図推進委員会が、その役割を果たしている、というわけです。

貼り散らかした付箋紙を整える！フィールドワークの計画を立てよう

座談会は、いったん火がつくと盛り上がりが持続して、はじめは「ないない！」といっていたのに「あるある！」という空気に変化していきます。面白いものです。なかなか内側に火がつかない場合は、よその地域ではこうだった、というように比較したり真似たりできる事例を出して、外側から燃料を注ぐことが大切。この役割を、ぼくら手書き地図推進委員会が果たしていることは、前述の通りです。もし自主的にワークショップをするのなら、一度まちを離れた経験のある地元の人を招くとよいでしょう。あるいは、外から移住してきた人や、隣町から通勤で通っている人とかも、よい視点で外側の意見を出してくれます。

それともう1つ、座談会で大切なことは「紙に書く」ということです。不思議なもので、座談会で出た話を積極的にメモしないワークショップは、最終的に地図に書く段階で消極的になってしまう傾向があるのです。ですから、とにかく

メモする。これをするかしないかで、この後に控えているフィールドワークの成否にも、最終的につくる手書き地図にも、大きな差が出てきます。さあ、どんどん書きましょう！

考えてみれば、これは自然なことなのです。なにしろ、最後は模造紙などに〝手書き〟するわけですから。しかし、いざ大きな真っ白の模造紙に何かを書く、となると戸惑ったり、恥ずかしがったりする人がいることも事実。ですから、座談会の段階で積極的に「自分で言ったことをメモしておく」「耳にしたことを文字にする」という作業に慣れておくことが大切で、こういう些細な習慣のおかげで、真っ白な模造紙に思い切り線や図形や文字を書くことを厭《いと》わない雰囲気をつくることができるわけです。

ここからは、この基本を踏まえて手書き地図を作成するための４つの「コツ」を、実際のワークショップ事例に沿って説明していきたいと思います。手書き地図ワークショップをやってみたいと思ったときには、手書き地図憲章とともにこの４つの「コツ」をおさえることを忘れずに。

さあ、本書のページをめくってみましょう。皆さんにとっての作戦会議の1ページ目が、ここから始まりますよ。

コツ その1

よく行く場所、通った思い出の場所のことを話してみよう

▼

CASE STUDY 1：座談会を制すものは手書き地図を制す！（宮城県仙台市）

コツ その2

まちのウワサをしよう（みんな知ってること＜あなただけの体験）

▼

CASE STUDY 2：ウワサを集める3つのつくば探険（茨城県つくば市）

コツ その3

視点をフォーカス！ 地図のテーマを決めよう

▼

CASE STUDY 3：商店街の笑顔が育む地元愛（神奈川県横浜市）

コツ その4

外の人の視点を取り込もう

▼

CASE STUDY 4：「ないない」が「あるある」に！（北海道恵庭市恵み野）

座談会のコツ　その1

よく行く場所、通った思い出の場所のことを話してみよう

前節では、座談会さえうまくいけば、手書き地図作成は８割成功したようなものだと書きました。ここからはそんな座談会を上手く盛り上げるための４つのコツをご紹介していきます。コツ１つ目は「よく行く場所、通った思い出の場所のことを話してみよう」。座談会での何気ない会話から、シャープな切れ味の「偏り」を見つけるには、そのまちに長年親しんでいる人、思い出を持つ人たちの言葉を掘り起こしてみることをおすすめします。そして今回紹介する宮城県仙台市のあるチームが着目したのは、地元の高校生たち。彼らとまちのかかわり方を地図に落とし込んだ「一高生生態ＭＡＰ」を紹介します。

CASE STUDY

宮城県仙台市／一高生生態MAP

普段のまちを〝高校生目線〟でシャープに切り取る！

地元での凱旋講義で気合いが5割増しな大内研究員

2017年9月、大内研究員の地元でもある仙台にわれわれを呼んでくれたのは「仙台市地下鉄東西線WEプロジェクト」の皆さん。まちづくりに必要な知識や情報発信のノウハウを学び、地下鉄沿線を盛り上げる市民プロデューサーを育てる「WE SCHOOL」という場で、手書き地図ワークショップの特別講義をしてほしいという依頼でした。

座談会を制すものは手書き地図を制す

当日は、連坊地区という仙台駅の南東にあるエリアで活動する「WE SCHOOL 地元イノベーションクラス」の16名の皆さんが集まってくれました。エリアの盛り上げ役として普段から活動する皆さんも、地図をつくるのは初めて。「ぼくらに地図なんて書けるのか……」と不安な心の声が聞こえてきそうな、ぎこちない雰囲気です。そんななか、大内研究員はきっぱりとテーマを発表します。「今回のテーマは〝テーマを勝手につくる〟です！」。要は、座談会で見つけ出す様々な場所や人に対する興味の〝偏り（偏愛）〟次第で、地図の面白さが決まるんですよ、というメッセージを含んだ逆説的なお題なのです。

そんな難題を前にさらに戸惑う皆さんを尻目に、さっそく3つのチームに分かれて各テーブルで話し合います。ここで各々、連坊地区とはどんなまちだっけ？　何があったっけ？　と話し合いが始まります。どうやらお寺もあるし、公園も。歴史ある文教地区でもあるようです。住宅街でもあり、最近地下鉄の駅ができたとか。と、ここまではまだウォーミングアップ。この時点ではまだ皆さん、よそよそしいのです。もっと偏愛を引き出していきたいところですが「こんなこと言ったら恥ずかしい」「あまり出過ぎないでおこう」という空気もまだあります。いやいや、違うのです。難しく考えないで！　偏った面白さ上等！　ウワサ話大好物！　を推奨する手書き地図推進委員会として、座談会は後半が肝心。皆さんを焚きつけていきます。

すると、美味しいケーキ屋さんもあるらしい。団子屋さんも。名物はなんだっけ？「がんづき！」「へー」会場は徐々に熱を帯びはじめました。

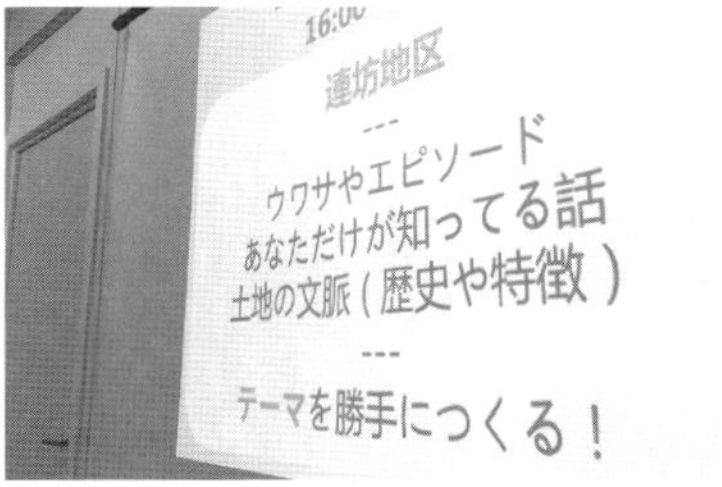

テーマを勝手につくる！どーん！

まだまだ神妙な表情を浮かべる参加の皆さん

最初の座談会を温めておけば怖いモノなし！ファシリテーターの裏方仕事

時には、1つのグループが盛り上がると今度はほかのグループが余計にしゅんとしてしまうこともあります。まだきっかけを掴めずにいるチームがあれば、すでにムードメーカーになっている参加者の方に「あのグループがきっかけを掴めてないから助けてあげて」と、われわれファシリテーターからそっと伝えて、グルー

徐々に熱を帯びる座談会

プを越えたサポートをお願いすることもあります。もちろんわれわれは知っているんです。声の大きな人、事前に準備してきた人、明るい人じゃなくても、実は皆それぞれに面白いネタを隠し持っていることを。

そもそも、座談会の時点で共有すべき視点や発見がもやもやとして消化不良な状態では、のちのフィールドワークもそんなに面白くありません。そりゃそうです。委員会メンバーが各グループに参加するのも、地元を知らないわれわれ（外の人）があえて質問することで場を和ませたり、話題を拾い上げて恥ずかしがって下を向きがちな人が会話できるきっかけをつくったりするなど、時にはそーっと、時には大胆に（雑に）成り行きを見ているのです。

そして残り時間も迫ってきたころには「もう少し時間くださいー」と会場から声が。ほらほら、座談会が楽しいものになってきましたね！

これでいこう！〝偏り〟を探す時間こそ、手書き地図の真髄

あるチームのメンバーには、連坊地区にある「宮城県仙台第一高等学校（通称、一高）」卒業生の方がいました。歴史ある

名門校だという一高、おのずとウワサ話もたくさん出てきます。「応援団の学ランがすごい！」「商店街の魚屋さんで魚を買って学校でＢＢＱをした」「休み時間になると近くのコンビニやラーメン屋さんに一高生がたくさん出没する」……など、高校生ならではのネタがどんどん飛び出し、盛り上がってきました。そこで浮かび上がったのが「一高生の生態」というテーマ。一高生は、学校のある連坊地区とどのように結びつきながら暮らしているのか、その実態をまとめた手書き地図をつくることが決まりました。

しかも、ちょうど翌日のフィールドワークの日が、仙台一高で開催される文化祭の一般公開日に当たるとのこと。面白い！ 行こう行こう！

皆、ＯＢ・ＯＧじゃなくても高校の文化祭なんて久々だと、いやがおうにも盛り上がります。座談会をしっかりとこなしたおかげでシャープなテーマが見えてきました。あとは翌日のフィールドワークを楽しむだけだね！

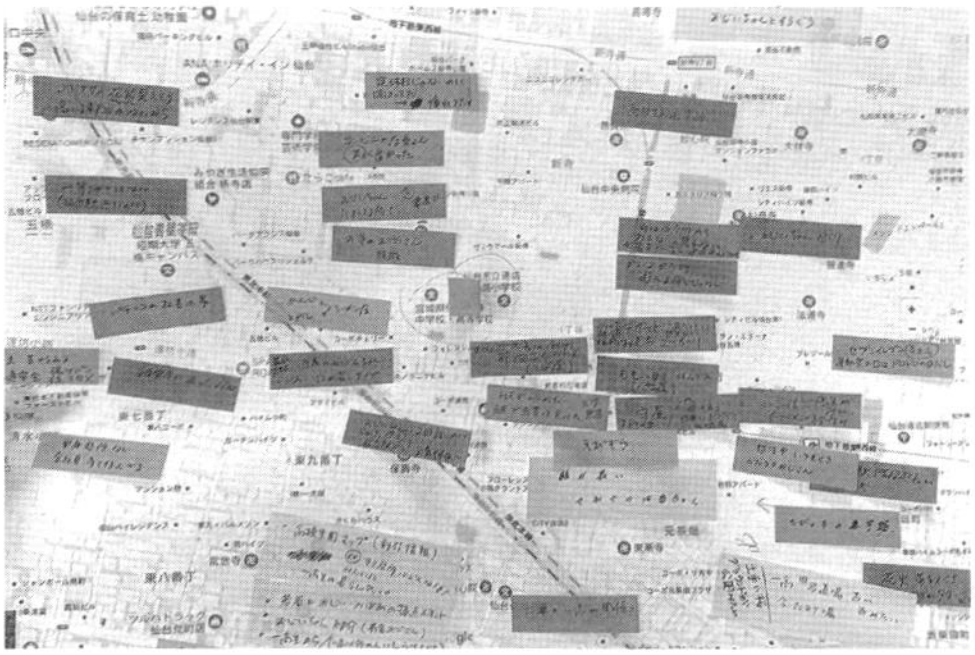
座談会で一度テーマが決まると白地図はびっしり埋まっていきます

座談会でのテーマ設定によりシンプルでディープな取材へ

いよいよ一高生の実態に迫る文化祭当日。天気もよく盛り上がる校内で、フィールドワークメンバーは現役高校生に声をかけ、連坊でよく行くお店やデートスポットなどを聞いていきます。競技かるた部さんへの取材では一戦手合わせいただき

洋菓子店 大黒屋製菓の一高生のソウルフード「がんづき」

模造紙に一度書きはじめるとどんどん筆が進みます

なんと第60回！ 名門！ 歴史があります

聞き取りしたお店やスポットなどを忘れないうちに白地図にプロットしていきます。これ重要

ながら。普段はなかなか話しかけることのない世代の人たちとも、文化祭のような機会だと自然にお話しできます。

　高校生から得たまちの情報を地図に落とし込んだら、実際のスポットや話題に上ったお店を巡ってヒアリングしていきます。もちろん甘味処があれば実際に食べてみます！

　ちなみに座談会で話題に出た「がんづき」とは、うっすら黒糖味の蒸しパンのような優しいおやつ。イベントがあると先生からがんづきが配られたりするそうで、一高生にとっては青春の味といっても過言ではないくらい深い結びつきがあることもわかってきました。ほかにも様々なお店のご主人にもお話を伺います。座談会で絞り込んだシャープな視点を活かしてフィールドワークを行うことで、連坊というまちにある商店と学校の結びつきや、歴代の高校生が過ごしてきた街角の情景などを想像することができたのではないかと思います。

偏ったテーマだからこそ核心が突けるのだ

　よいネタを仕入れることができた4時間のフィールドワークを終えたら、残る2時間で、取材したことを書いていきます。

　高校生への積極的な取材が功を奏して、一高生はもちろんのこと、先生たち、地域住民の皆さん、商店主さん、ＯＢ・ＯＧの皆さんなど、「高校生」という目線で見えてくる想いや物語は予想以上に多様でした。なんとか詰め込んで、ようやく「一高生生態ＭＡＰ」ができあがりました。その後の発表会でも、女子会が開かれる支持率ナンバーワンのラーメン店、ご縁があるようにと五円玉をくれる和菓子屋さんや、他校含め社交場になっている（！）イカ焼き屋さんなどと、まちと学校の結びつきは発見の連続。しっかり盛り上がりました。

　さて、座談会でシャープなテーマをうまく見つけることができれば、その後のフィールドワーク〜マップメイク〜発表会も自然とうまくいく、ということをおわかりいただけましたか？ 皆さんも、まずは普段の見慣れた景色や道、子どものころの思い出を、恥ずかしがらずに話してみてください。また1つ、新たな地域の魅力を発見するヒントが隠されているはずです。「がんづき」また食べたい！

参加者全員でポーズ
また新たなまちの魅力を発見しました

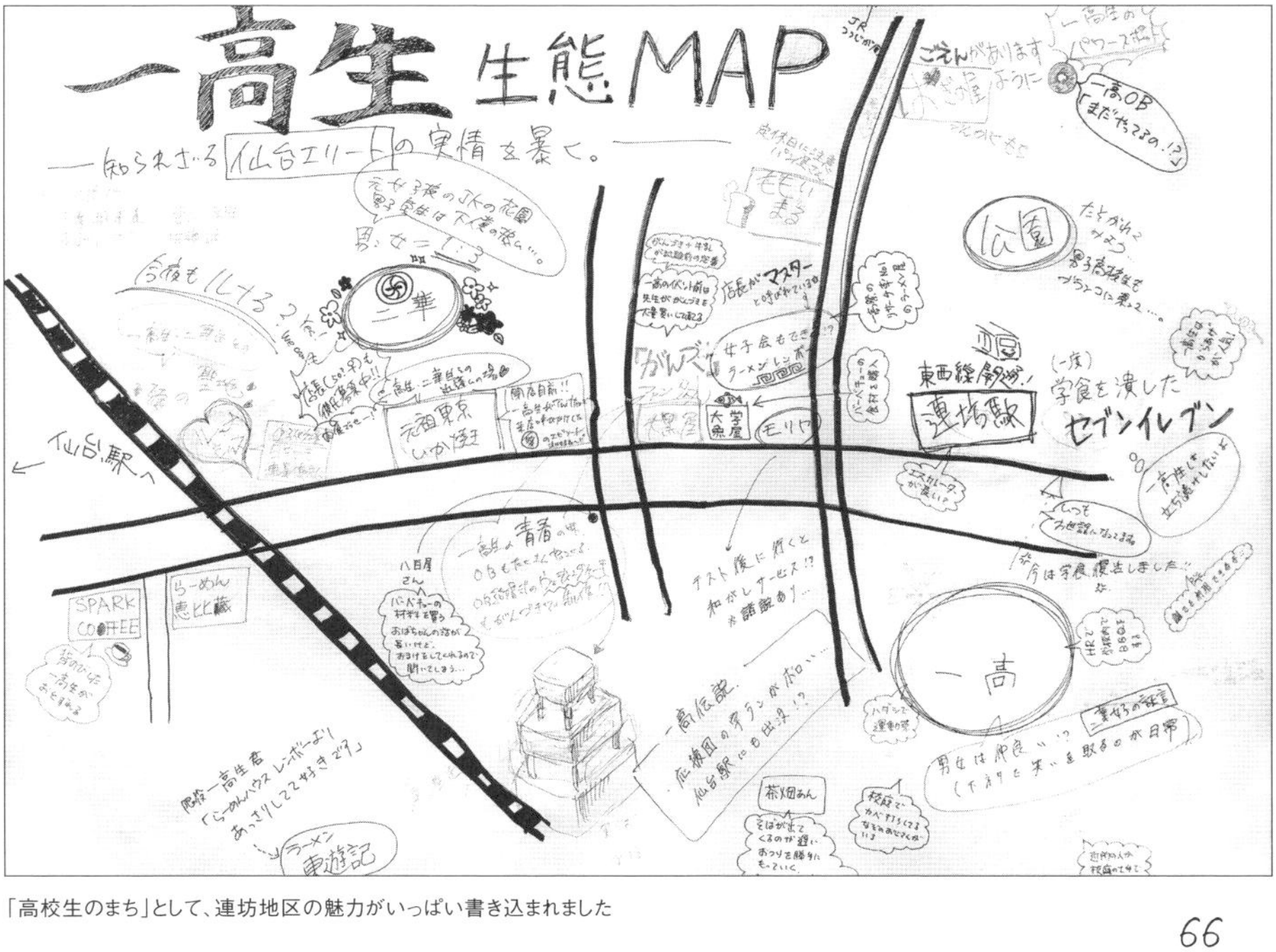

「高校生のまち」として、連坊地区の魅力がいっぱい書き込まれました

座談会のコツ その2

まちのウワサをしよう
「みんな知っていること」より「あなただけの体験」

座談会のコツ2つ目は「まちのウワサをしよう」です。座談会では、必ずまちのウワサ話をしてもらうようにしています。いきなり手書き地図を書こう！と前のめりすぎても、発言するきっかけを掴んでもらえません。それではグループディスカッションも盛り上がらないし、ネタやアイデアが出てくることもありません。特にグループワークなどでは、互いにお見合いしてしまい、なかなか発言が出ないこともしばしばあります。でも一見地図には関係ないと思えるまちのウワサ話から始めると、場の雰囲気が柔らかくなります。そんなウワサ集めをうまく活かした事例が「ウワサを集める3つのつくば探検」。地元の人たちのウワサを少しずつ集めて3つのマップを作成。つくば駅周辺のおすすめスポットをまとめた「ウワサで巡るつくば」、子育て世代の情報を集約した「つくば子育て知っトクＭＡＰ」、駅前商業施設の館内地図「ＢｉＶｉつくば手書きフロアマップ」です。

CASE STUDY

ウワサで巡るつくば

茨城県つくば市／つくば子育て知っトクMAP
BiViつくば手書きフロアマップ

ウワサを集める3つのつくば探検

茨城県の南部に位置するつくば市は研究学園都市として発達しました。２００５年につくばエクスプレスが開通し、東京都心までのアクセスが向上してからは、駅周辺に多くのマンションが建ち、東京のベッドタウンとしてヤングファミリー層に人気のエリアです。

今回のワークショップは、つくば駅前に新しく開業した「Ｂ・ｉ・Ｖ・ｉつくば」を運営する大和リース株式会社さんからの依頼です。通常行っている手書き地図のワークショップは事前に参加者を募ってじっくりネタを探すスタイルですが、今回は商業施設のイベントスペースを使った当日飛び込み参加型のワークショップ。このスタイルでのワークショップはわれわれも初めてでした。

ウワサ話なら気軽に飛び込める！商業施設内のイベント型ワークショップ

そこで役に立ったのが「ウワサ話」という入り口づくりです。イベント当日に気軽に飛び入り参加してもらえるように、声を掛ける時も「手書き地図を書きませんか?」ではなく「まちのウワサを書いてもらえませんか?」と誘うと、皆さん気軽に足

BiViつくばのイベントスペースで行われた手書き地図ワークショップイベント
参加者は商業施設に遊びに来た親子連れが中心（2015年9月）

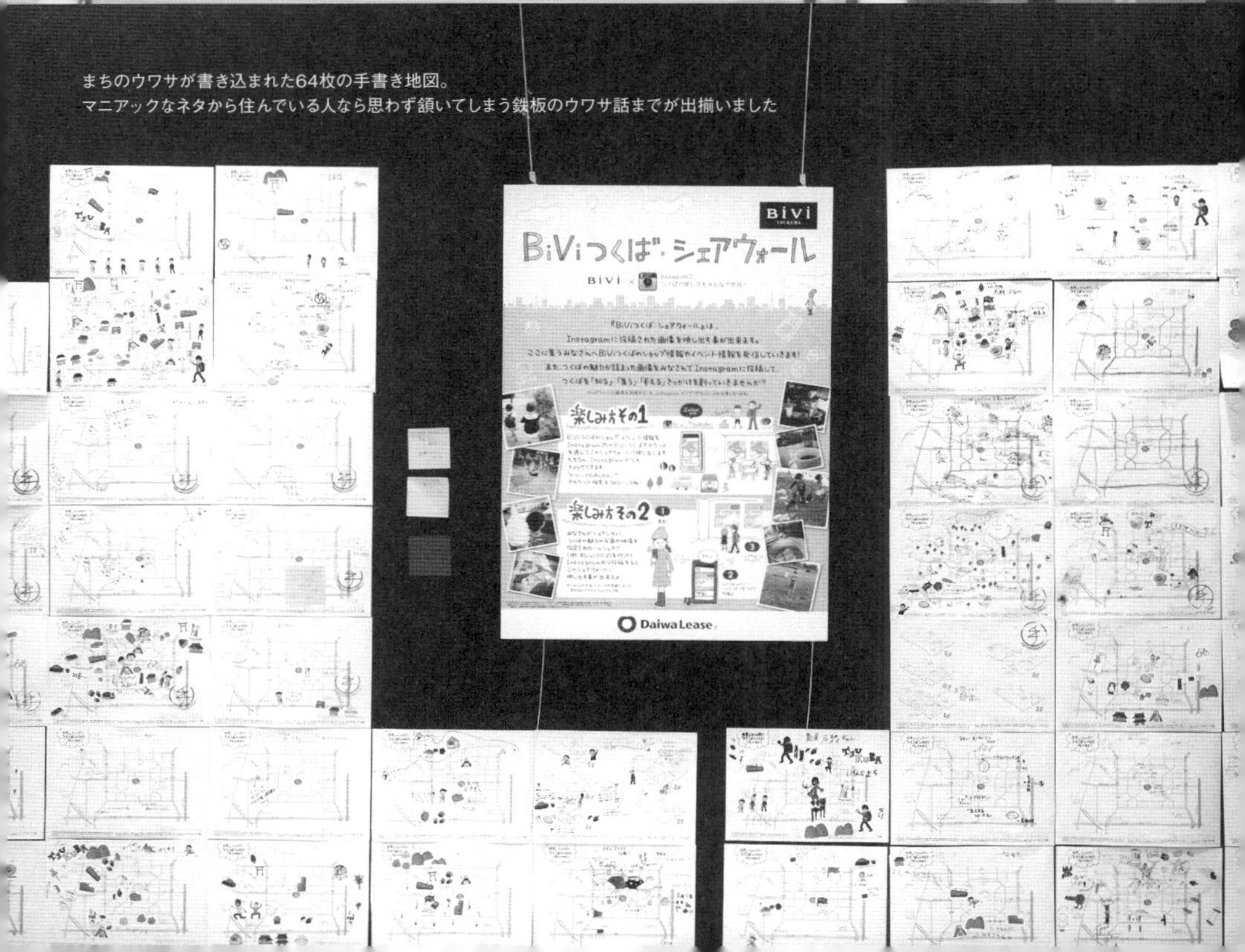

まちのウワサが書き込まれた64枚の手書き地図。
マニアックなネタから住んでいる人なら思わず頷いてしまう鉄板のウワサ話までが出揃いました

を止めて情報を寄せてくれます。その結果、3日間で合計64作品（64人分）の手書き地図が完成しました。

いろんなウワサを地図に載せる必須アイテム！
絵が苦手な人も工作感覚で楽しめる手書き地図づくり

面白いウワサ話も知っているし、まちのネタも豊富で話は盛り上がるけど……絵が苦手という方も多いかと思います。そんな方が、いきなり手書き地図を書こうしても手は止まったまま……。せっかくの伝えたいまちの魅力が伝えきれず、地図づくりが思うように進まないというケースも多くあります。気軽にウワサを書き込んでほしいと思い、つくば市でのワークショップでは、手書き地図セットを用意して開催しました。

手書き地図セットとは

・つくば駅周辺のランドマークだけを記載した白地図
・人物や風景、食べ物などのアイテムが書いてあるイラスト集

をセットにしたものです。白地図に素材を切り貼りしてウワサ話を書き込んでいくと小学校の図工の授業のような感覚で手書き地図がつくれるので、老若男女どんな人でも気軽に参加して楽しんでもらえます。吹き出しには、「私のお気に入りのポイントは○○です」や「なんと○○だよ！」という頭出しのテキストがついていて、書き出しに迷うことがありません。大喜利をするような感覚で、伝えたい特徴やポイントがよりクリアに伝わるような工夫もしています。

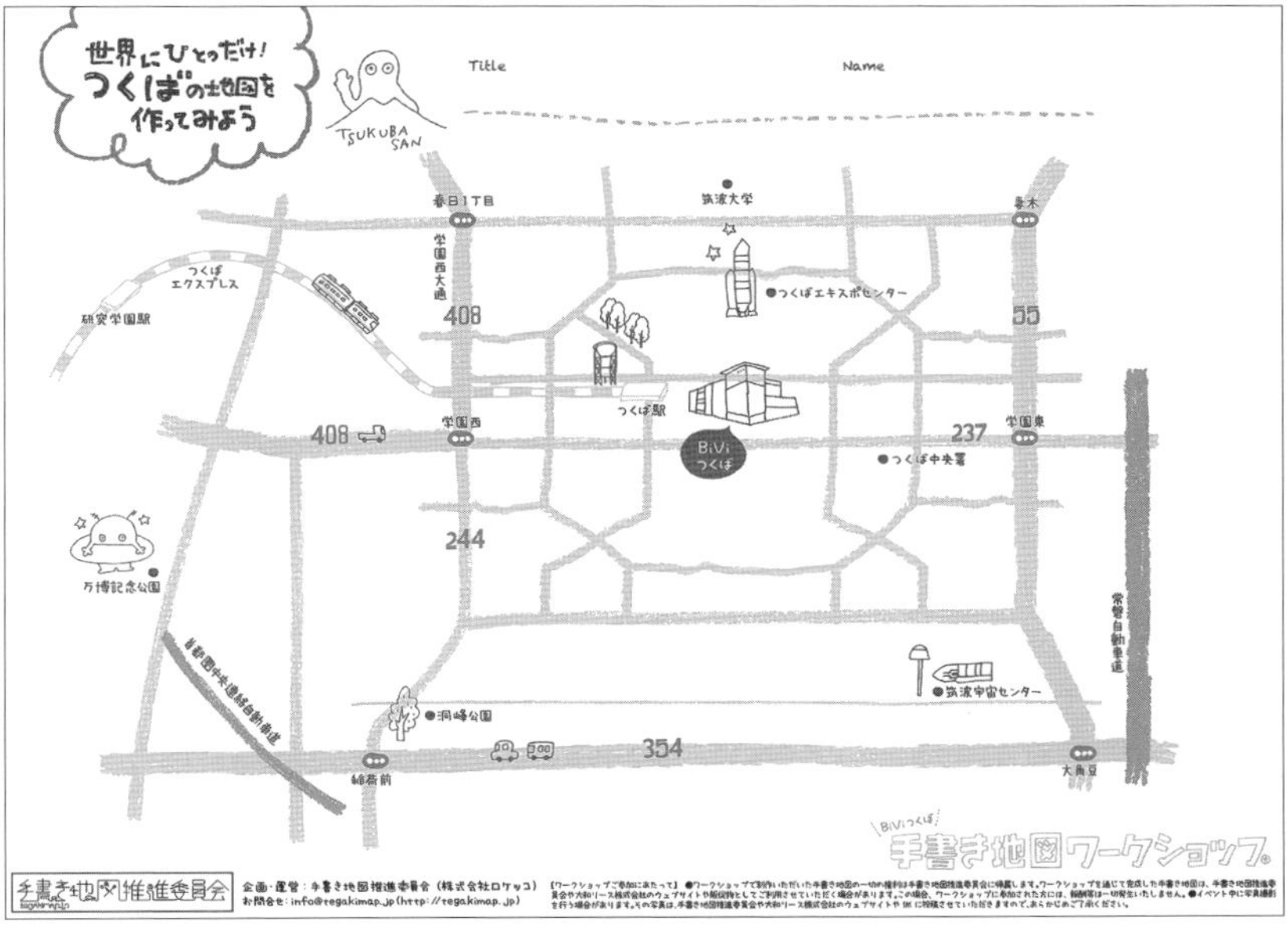

手書き地図セット・白地図：あらかじめランドマークなどが記載されているので気軽にウワサ話を書き込める工夫がしてある

ウワサを集めてつくった3つの手書き地図

こうして集めた64枚の手書き地図を、3つのテーマに集約して手書き地図を完成させました。

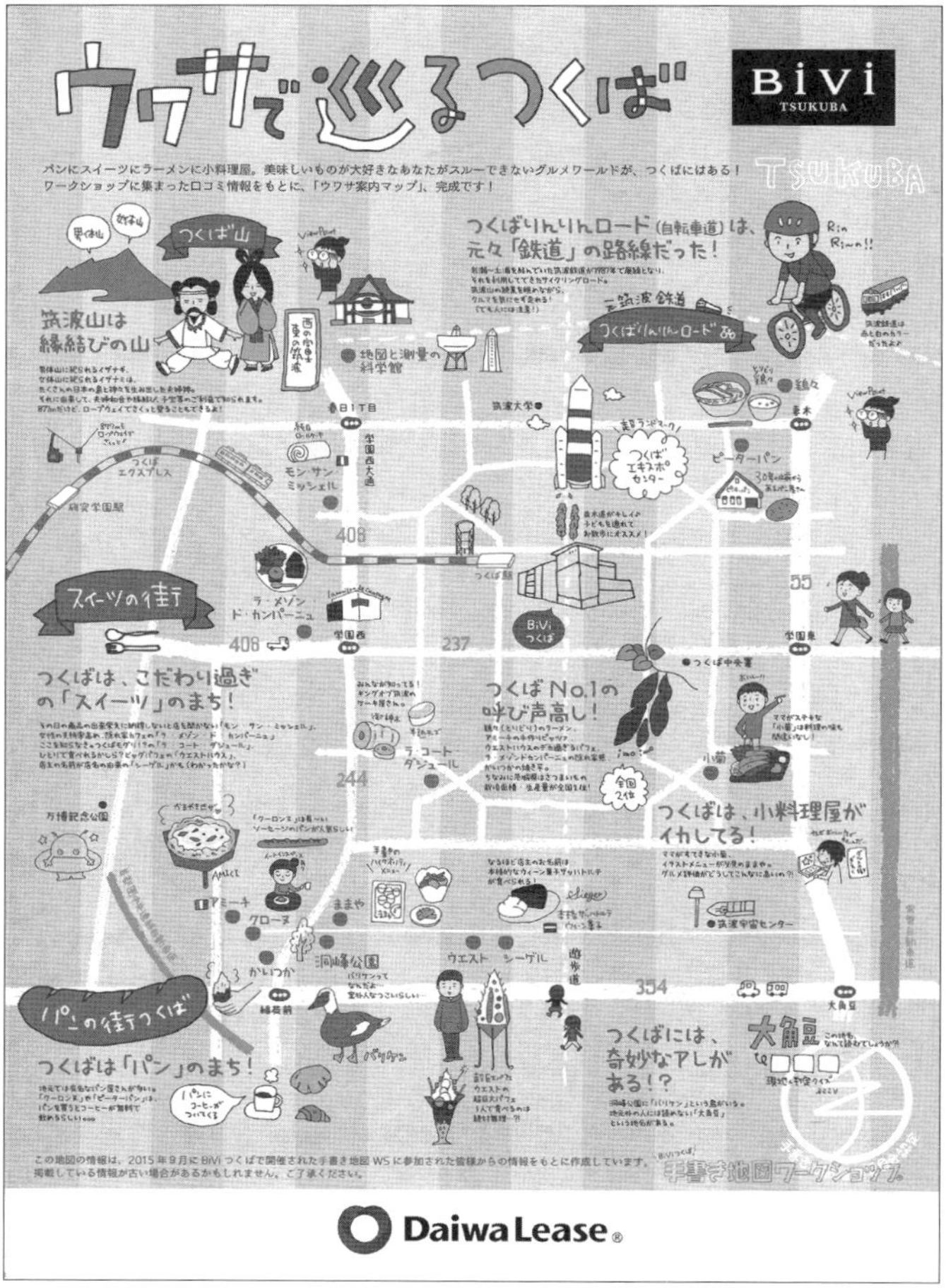

> ### ウワサで巡るつくば
>
> ウワサで巡るつくばマップは、ワークショップに参加していただいた方の「つくばのウワサ」を集約した地図です。
>
> パンを買うとコーヒーが飲めるパン屋さんや、公園にいる謎の鳥「バリケン」、もはやスイーツの域に達している焼き芋屋さん「かいつか」など、地元の人たちならではのツウな情報満載の手書き地図となりました

（いずれも イラスト：手書き地図公式作家・江村康子研究員）

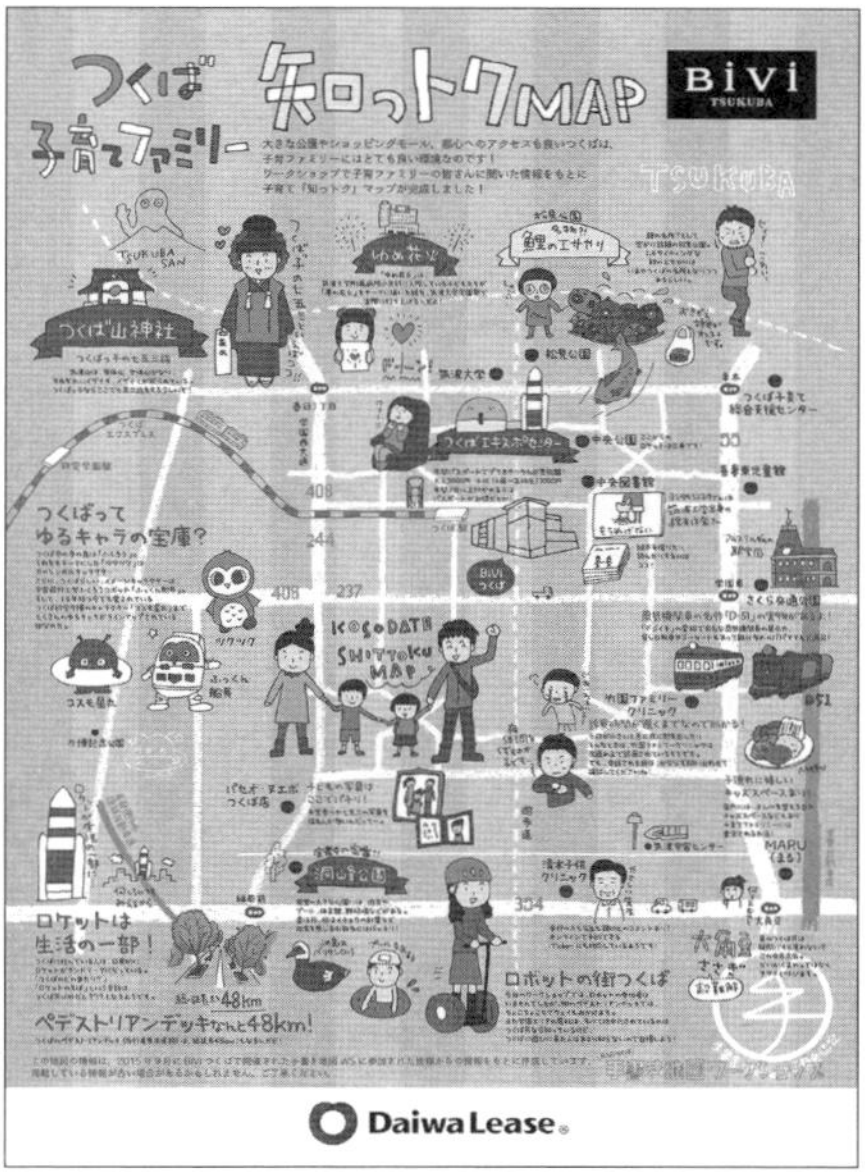

つくば子育て知っトクMAP

ワークショップでは子育てに関する「ウワサ」も多く集まったので、子育てファミリーが読んで楽しむ手書き地図もつくりました。つくば市は、子育て期間のパパ・ママも多く引っ越してくるまち。そんな人たちに役立つネタがぎっしりつまった手書き地図になっています。

実際にやってみないとその迫力が伝わらない松見公園の鯉の餌やり、遅くまで開いている診療所、週末のお出かけスポットやアクティビティなどは、つくば初心者のファミリーにはもってこいの情報です

BiViつくば 手書きフロアマップ

また、ワークショップを開催した商業施設「BiViつくば」のフロアマップも作成しています。通常のフロアマップはなにがどこにあるかを正確に知ることを目的としますが、このフロアマップは施設内の「イケメン店員がいる美容室や昼からビールが楽しめる居酒屋がある?! といったウワサなどを見ながら、読み物として楽しめるように工夫しています。

自分だけが知っているマニアックなウワサ話からは、普段気がつかないまちの面白さを発見でき、住んでいる人たちも意外と知らない新鮮な情報が集まります

座談会のコツ　その3

視点をフォーカス！地図のテーマを決めよう

座談会のコツ３つ目は「視点をフォーカス！地図のテーマを決めよう」です。ご紹介するのは、神奈川県横浜市にある大岡小学校６年生の作成した手書き地図の事例。地元の商店街を盛り上げたいと小学生自らが取材に出向いてたくさんのネタを仕入れたものの、最初はなぜか「どこにでもありそうな地図」になってしまったようです。どうやら原因は、地図のテーマ設定にあったよう。今回は〝フィールドワーク後の座談会〟というイレギュラーな流れですが、取材で仕入れたたくさんの魅力を整理して、クリアな視点でまとめなおした事例をご紹介します。

CASE STUDY

神奈川県横浜市／弘明寺「笑」店街MAP

地元愛を育む子どもたちの商店街手書き地図

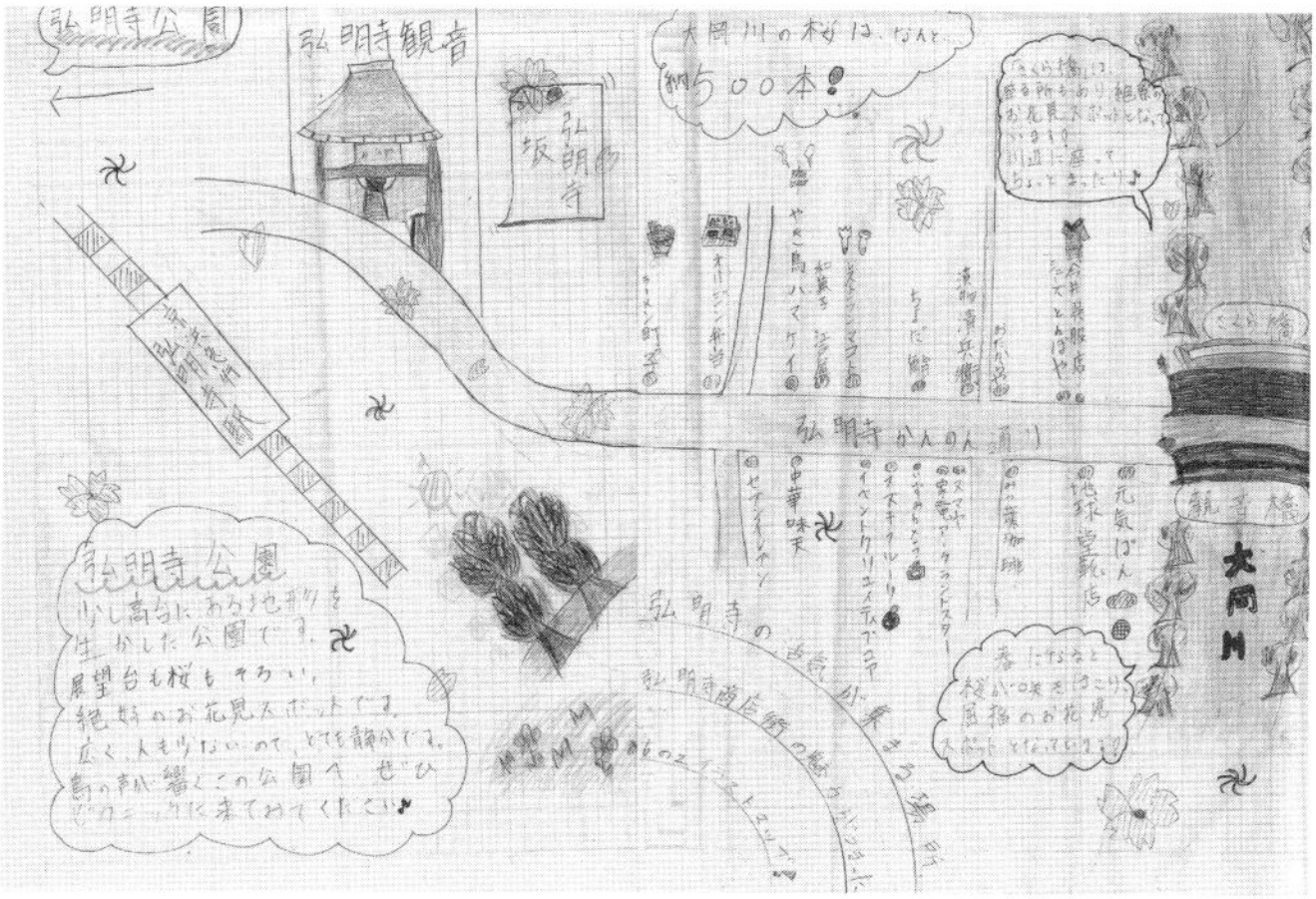

最初に書いた手書き地図。取材した情報をうまく掲載しきれずにお店の名前などが中心に並ぶ手書き地図。これも素晴らしい手書き地図だが、せっかく取材した情報が活かしきれてないのでは？と児童たちが議論していました

大岡小学校6年2組(2016年当時)の皆さんは「大岡の時間」という総合的な学習の時間のなかで手書き地図を作成しました。「大岡の時間」とは、各学年・各クラスがそれぞれ自分たちで実社会での課題を見つけ、地域の大人たちや企業の人たちと協力しながらその解決方法を見つける授業です。6年2組の皆さんは「自分たちがつくったものを地域に役立てたい」という思いから、地元の商店街を小学生の視点で紹介する手書き地図を作成することになり、われわれは出張授業としてお手伝いさせていただきました。

単なるお店紹介地図が、「笑」店街の地図に

彼らが取材したのは、大岡小学校の近くにある、弘明寺商店街という大きな商店街です。その商店街の魅力をたくさ

んの人に伝えるため最初に商店街を取材し、「歴史ある商店街であること、それぞれのお店に様々な工夫がしてあること、お店の人とのコミュニケーションが楽しいこと、季節の行事がたくさんあること」など小学生の視点でたくさんの魅力を見つけることができました。

しかし、いざ書いてみてできあがった手書き地図は、お店の所在地を中心に並べたもので、既存の商店街マップとあまり変わらず、本人たちがイメージしたまちの魅力を伝える手書き地図とはちょっと違う仕上がりになってしまいました。できあがった地図に、6年2組のみんなもちょっと違うな……という雰囲気。せっかく取材した情報をうまく地図に載せることができなかったようです。

取材ノートのなかで見つけた〝キャラクター〟視点

改めてクラス全員で議論をしてみてわかったのは、商店街の魅力は、取材した商店街の店主さんたち自身の「キャラクター」にあるということでした。取材ノートを見直してみると、実はすでに場所や歴史以外のもっと密度の濃い情報をたくさん手に入れていることがわかりました。例えば85年間続く和

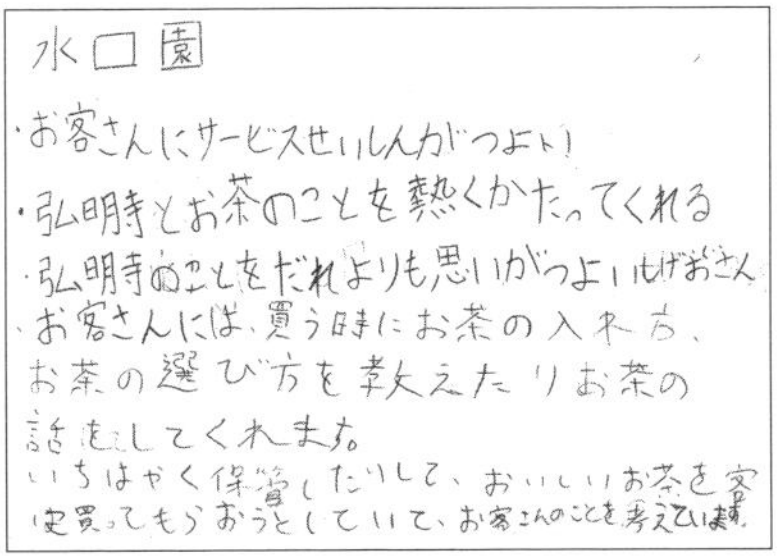
水口園
・お客さんにサービスせいしんがつよい！
・弘明寺とお茶のことを熱くかたってくれる
・弘明寺のことをだれよりも思いがつよいしげおさん
・お客さんには、買う時にお茶の入れ方、
お茶の選び方を教えたりお茶の
話をしてくれます。
いちはやく保管したりして、おいしいお茶を安
定買ってもらおうとしていて、お客さんのことを考えています。

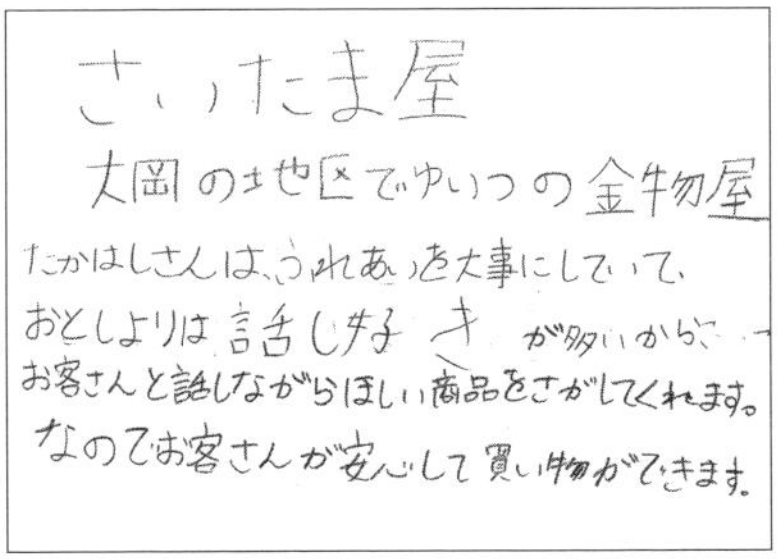
さいたま屋
太岡の地区でゆいつの金物屋
たかはしさんは、ふれあいを大事にしていて、
おとしよりは話し好きが多いからこ
お客さんと話しながらほしい商品をさがしてくれます。
なのでお客さんが安心して買い物ができます。

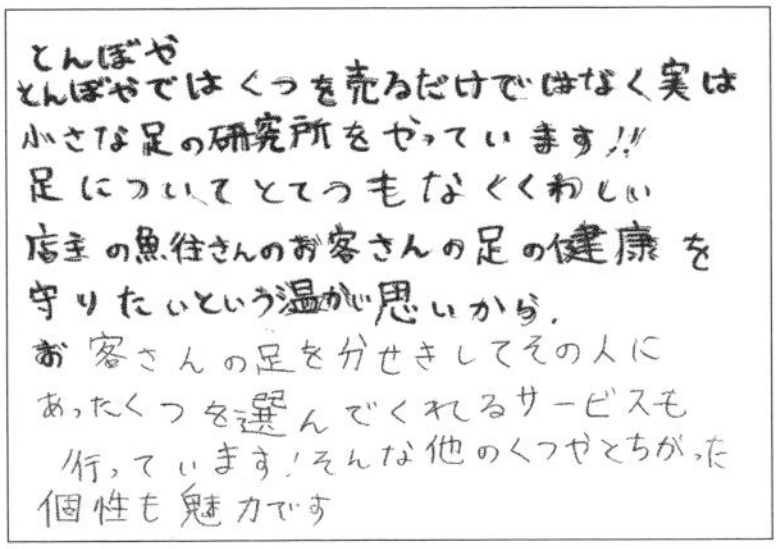
とんぼや
とんぼやではくつを売るだけではなく実は
小さな足の研究所をやっています!!
足についてとてつもなくくわしい
店主の魚往さんのお客さんの足の健康を
守りたいという温かい思いから.
お客さんの足を分せきしてその人に
あったくつを選んでくれるサービスも
行っています！そんな他のくつやとちがった
個性も魅力です

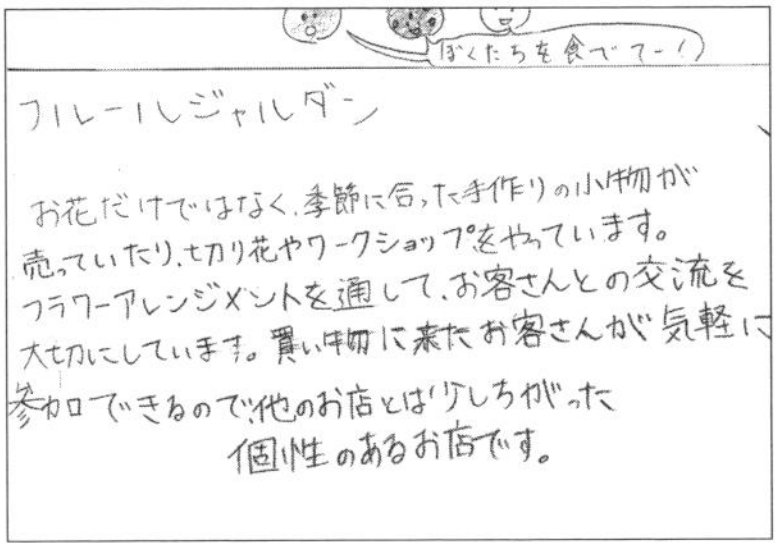

フルールジャルダン
お花だけではなく、季節に合った手作りの小物が
売っていたり、切り花やワークショップをやっています。
フラワーアレンジメントを通して、お客さんとの交流を
大切にしています。買い物に来たお客さんが気軽に
参加できるので、他のお店とは少しちがった
個性のあるお店です。

子どもたちの取材ノート

菓子屋さんは長い歴史があるだけでなく、いつもお客さんの喜ぶ顔を思い浮かべながら美味しいお菓子をつくっていること。靴屋さんでは、靴を売るだけでなく足と健康をテーマに研究しているご主人がいること。お茶屋さんはお茶を売っているだけではなくて、お店に行くと弘明寺の歴史を熱く語ってくれること。フラワーアレンジメントのワークショップでお客さんとの交流を大切にしているお花屋さんがあることなど。

取材をまとめた模造紙。綿密な取材情報があるので、あとは地図に落とし込む視点をどうするか

弘明寺「笑」店街ＭＡＰ

そんな取材を通して商店街の人たちのキャラクターに視点をフォーカスして完成した地図が、弘明寺「笑」店街ＭＡＰです。小学生たちが自ら手に入れた商店街の「人の魅力」に焦点を当て、お店の所在地を表した「事実」だけではなく、商店街の人たちという「人となり」に焦点を当てることで、今ま

最初に作成した地図と比較すると、6年2組のみんなが取材した商店街の人たちの似顔絵が描かれていて、人肌感あふれる手書き地図に変貌

でとは違う商店街の魅力を伝える手書き地図が完成しました。表面には、取材したお店の人たちの似顔絵付きでこだわりのポイントなどを掲載。笑顔あふれる商店街の雰囲気が伝わるデザインになっています。裏面には取材を通して入手した、店名の由来や、趣味、研究の話など商店街の裏話が満載です。

われわれのワークショップでも、いつも予定通りうまくいくわけではありません。時には座談会でうまく盛り上がれず、時間切れになってしまうことや、豊富な取材で情報を集めても視点やテーマがうまく決まらず、なかなか思うように完成しないこともあります。でも、諦めたらそこで試合は終了です(笑)。大岡小学校6年2組の皆さんのように、フィールドワーク後に視点をフォーカスできる切り口が見つけられれば、巻き返しのチャンスはいつだってやってきます！

弘明寺「笑」店街MAPをつくる活動は、横浜市のキャリア教育プロジェクト「はまっ子未来カンパニープロジェクト(起業家コンテスト)」の学習発表会の発表校にも選出されました。地域学習と手書き地図は相性が良いのかもしれませんね

座談会のコツ　その4

外の人の視点を取り込もう

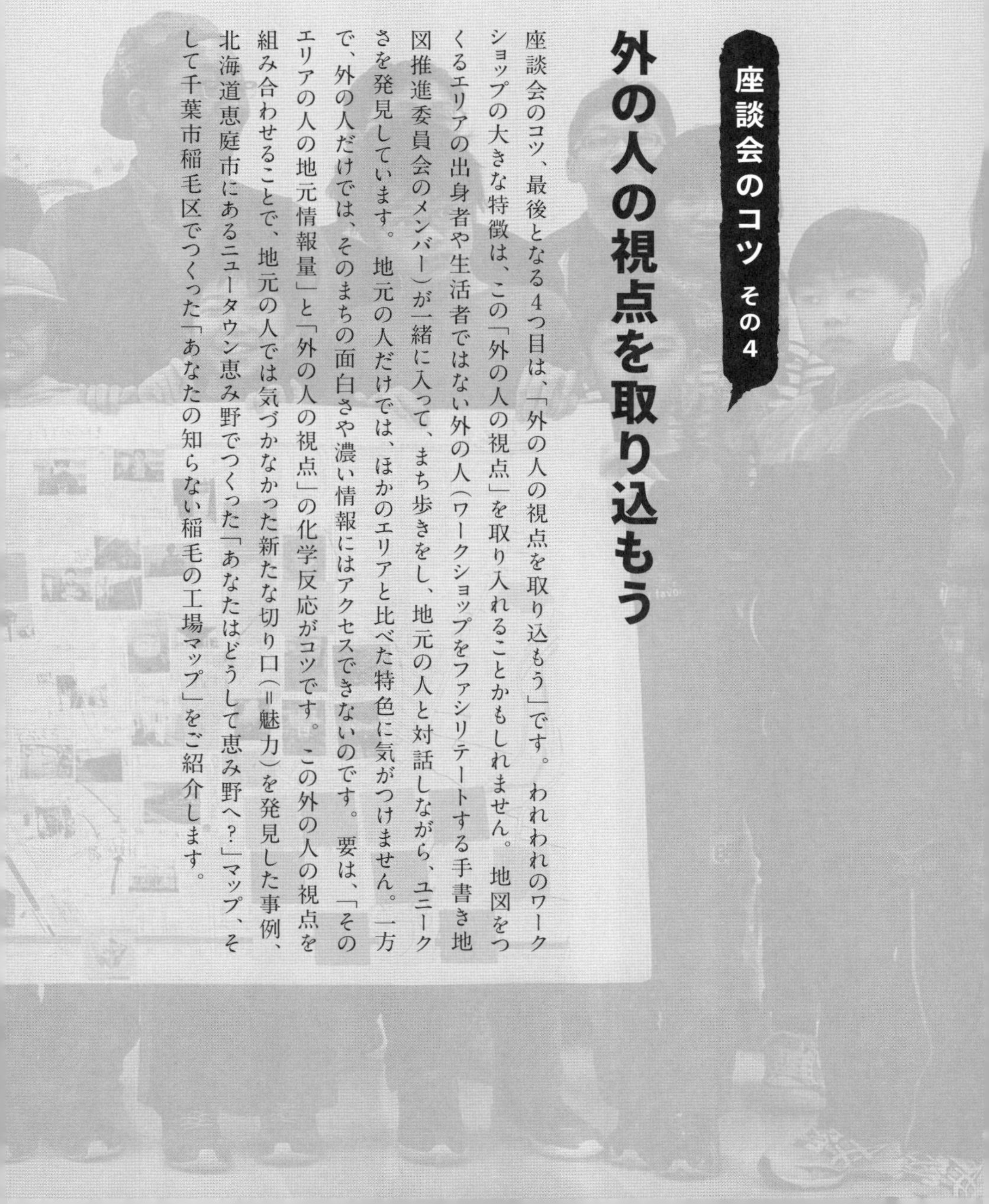

座談会のコツ、最後となる4つ目は、「外の人の視点を取り込もう」です。われわれのワークショップの大きな特徴は、この「外の人の視点」を取り入れることかもしれません。地図をつくるエリアの出身者や生活者ではない外の人（ワークショップをファシリテートする手書き地図推進委員会のメンバー）が一緒に入って、まち歩きをし、地元の人と対話しながら、ユニークさを発見しています。地元の人だけでは、ほかのエリアと比べた特色に気がつけません。一方で、外の人だけでは、そのまちの面白さや濃い情報にはアクセスできないのです。要は、「そのエリアの人の地元情報量」と「外の人の視点」の化学反応がコツです。この外の人の視点を組み合わせることで、地元の人では気づかなかった新たな切り口（＝魅力）を発見した事例、北海道恵庭市にあるニュータウン恵み野でつくった「あなたはどうして恵み野へ？」マップ、そして千葉市稲毛区でつくった「あなたの知らない稲毛の工場マップ」をご紹介します。

CASE STUDY

北海道恵庭市恵み野／「あなたはどうして恵み野へ？」マップ

郊外住宅地の「ないない」が「あるある」に！

歴史のない新興住宅が、どこにもないユニークな魅力を発見するまで

恵み野は、札幌都市圏のニュータウンとして１９７９年から開発された新興住宅街です。閑静な住宅エリアが広がるこのまちには現在、５０００世帯以上が暮らし、恵み野駅前には便利な商店街もあり住みやすいまち。とはいえこのエリア、手書き地図ワークショップを各地でやっているとおなじみの、神社仏閣や歴史的なものが見当たらないことに気がつきます。それはそうです。このまち自体が40年前には存在せず、ほとんどが農地だったからです。いつもは地元の人から聞く伝承や歴史の話こそ、その土地のユニークな魅力になるのですが、恵み野ではその手が通用しないようです。

とりあえずはヒアリング！

座談会では商店街の名物店の話が次々に出てきました。とはいえ、どんなテーマで地図にするかは見えないままランチに出ました。地元の方々と（子どもたちも）一緒に食べに行ったスープカレー「リスボン」で食後に店主の相原さんにお話を伺いました。そこでお店を開店するまでのストーリーを聞いている中で、手書き地図推進委員会の跡部研究員が面白いことに気づきました。皆さ

ワークショップを終えて、模造紙にアウトプットした手書き地図を掲げて記念写真。
子どもたちも地域の面白さを発見しました（2016年4月）

ん、この恵み野を選んで移住してきたという共通点です。もともとここに住んでいたわけではなく、この場所を選んでどこからか引っ越してきて、お店も始めたという方々ばかりなのです。

恵み野商店街の会長であり、ベーカリーハウス「ピーコック」店主の小笠原さんは、このまちに可能性を感じて移住してお店を開くきっかけになったパンフレットや広告をファイリングしたものを見せてくれました。また、「きゃろっと」という素敵なカフェを経営されている内倉真裕美さんは、ニュージーランドを視察したときにガーデニングに可能性を発見し、仲間で自分たちの庭で取り組みはじめたというお話を聞かせてくれました。住民たちが始めたガーデニングは、今では観光名所となって、観光バスが停まるスポットにもなっているといいます。それもすべて、この恵み野に移住してきた方々がゼロから自分たちでつくった魅力でした。

ベーカリーハウス「ピーコック」オーナーの小笠原さんが大事にファイルしてあった当時のパンフレットを見せてくれました

そうやって、地元の方と一緒に恵み野のキーパーソンを訪ねては、このエリアのお話を聞いて回っていると「〇〇さんが、恵み野を選んだ理由なんて初めて聞いたね！」「そういえば、私もあの広告を見て、ここに引っ越してきたんだ！」など話が広がります。新興住宅街には昔からの土地の言い伝えや歴史的なものがない、という面をネガティブに捉えるのではなく、新興住宅街だからこそ「このまちを選んで移住してきた人たちの物語」自体が、まちを楽しんでもらう魅力になる。これは恵み野を表すいい切り口になるかも、と価値が転換した瞬間でした。

そうして作成したのが「あなたはどうして恵み野へ？」マップ

手書き地図推進委員会が模造紙を基に、配布用に作成した「あなたはどうして恵み野へ？」マップ。
人ごとに恵み野を選んだ物語があるのが伝わってきます
（イラスト：手書き地図公式作家・江村康子研究員）

です。このように、外の人の視点があって初めて見える価値があり、それを深められる地元のネットワークがあるからこそ、魅力が発見できるのです。

「ないない」が「あるある」になる例をもう1つ紹介しましょう。

CASE STUDY

千葉県千葉市稲毛区／あなたの知らない稲毛の工場マップ①

見過ごされていた工場景の面白さ

まちで意識的に見ていないものが、大人も子どもも興味津々の体験装置に

千葉市稲毛区でワークショップを行った時のお話です（詳しくは、次章・取材に出かけようで紹介）。千葉市中心部や東京都心へ通勤する方のベッドタウンであり、なんでも揃っている稲毛。1つのチームは子育てやペットを飼っている方に知ってほしい、稲毛の魅力を手書き地図にしました。もう1つのチームは、なかなかテーマが決まりません。とりあえず、まち歩きを始めてみることにしました。そうすると、外から参加した人がふと口にしたのです。

「工場がたくさんありますが、何の工場なのですか？」

地元の人も、実は何の工場かも知りませんでした。そこにあるのに、自分とは関係ないものだと考えていたからでしょう。だいたい工場は、高い塀に囲まれていたりして、中がどうなっているのかわかりません。またまちの中では嫌われ者になりやす

いことも事実です。このワークショップのグループは、工場に訪れて「何の工場なのか？」を聞いて回ることにしました。

今まで意識的には見ていなかった工場でしたが、中を見せてもらうと、アスファルトやチーズなどをつくっているものだということがわかりました。このグループのまち歩きは、さながら「大人の修学旅行」のようになりました。地図に工場の特色などを書き込んだだけでなく、こんなに面白い工場が地元にあるのであれば、工場見学ツアーをつくったら面白いのでは？」と話はどんどん広がっていきました。

このように、地元の人がスルーしてしまっていることでも、外の人の視点を取り込むことで、その土地に埋もれた魅力として発見することができるのです。われわれがワークショップのファシリテーションをする最大の価値は、この「外の人の視点」をもたらすことなのかもしれません。

まるでフラミンゴ。こんな重機萌えスポットがあるなんて！（2015年12月）

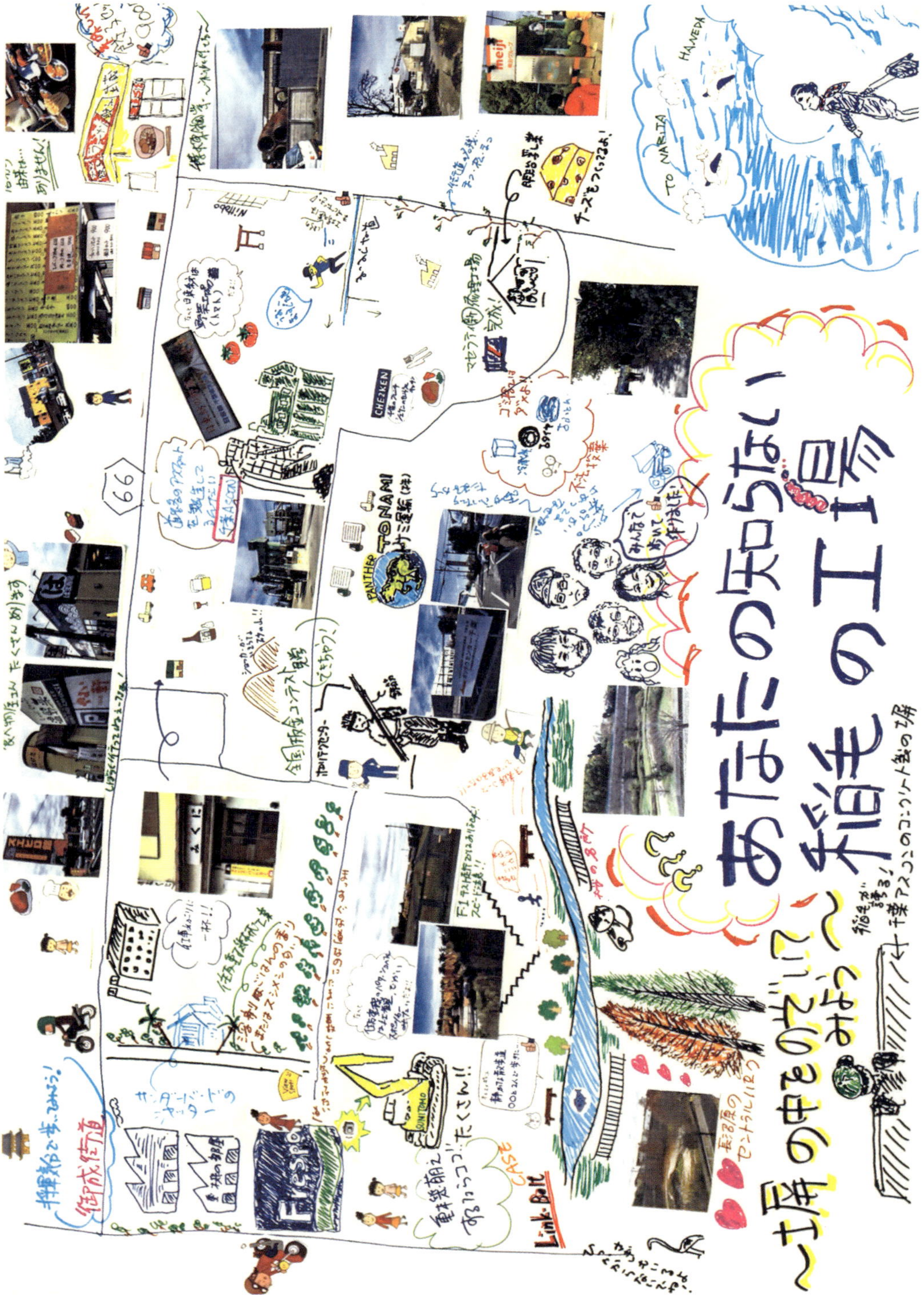

今まで見えていなかった工場の中を見てきた驚きが表現された模造紙。フィールドワークを行った大人たちの似顔絵入り

第3章

取材に出かけよう

マップメイクはまち歩きを楽しむことで決まる

前章では座談会（作戦会議）のコツを紹介しました。続く第3章では、フィールドワーク、つまり取材の仕方について説明していきたいと思います。手書き地図を面白くする取材の秘訣はいたってシンプル。とにかく「まち歩きを楽しむ！」に限ります。でも実は「楽しむことに集中する」のは意外と難しいもの。目的地が思っていたより遠かった、周りの目が気になって面白がれない、騒がしいと住民に怒られた、トイレがなくて途中離脱……など、予期せぬトラブルでまち歩きが台無しになってしまっては、肝心の手書き地図を書くことすらできません。当日の限られた時間で行われる取材が、有意義に・スムーズに展開されるよう、運営側の準備はぬかりなく。ここでは、そんなまち歩きを全力で楽しむために知っておきたい心得をまとめていきます。

いつものまちの見方を変える取材のコツ

まち歩きの班の構成とコツ

まず最も重要で、基本としておさえておきたいのは、班の構成です。多くても3～5名ほどのグループに分かれ、複数の班になることがポイントです。理由としては、大勢で行動すると、先頭の人の興味や横道にそれる楽しみが、後ろの人に伝わりづらくなるためです（逆も然り）。話しながらの雑談が伝わるくらいの集団が吉です。

また、市街地・商店街などでは、車や歩行者、自転車の往来があります。夢中でしゃべっていると、ぶつかってしまったり邪魔になってしまったりすることもあるので、気をつけなければいけません。そういった意味でも少人数がよいでしょう。

またグループ分けする場合、基本的には前述のとおり書きたいテーマで分けることになります。作戦会議の時に、盛り上がるムードメーカーが複数いた場合、また逆に、皆さんおとなしくいまひとつ盛り上がりにくい班があった場合は、ファシリテーターは思い切って、班のムードメーカーを入れ替え、バランスを調整するのもよいかと思います。

ボランティアで観光ガイドをされている方や、昔からお住まいの方など地元の情報に詳しい人がいる場合は、十分にお話ししてもらったほうがいいので、グループごとに分かれて加わってもらうとよいでしょう。

ファシリテーターの役割

ファシリテートする側やお手伝いの人は、それぞれ均等に目が届くようにグループに同行し、何も知らない役として振る舞います。面白い形のオブジェ、古くからある名も知れぬお地蔵さん、古い看板など、住んでいる人たちがいつもの風景として馴染んでしまって、見逃してしまいそうなモノを「これはなんですか！ 面白い形をしていますね！」など共通の話題として拾い上げます。「これ面白いね！」と（思っている以上に大げさに！ ここ重要）連発することで、歩きながら、今まで全員「もう意識して見なくなったもの」にもう一度フォーカスが当たることになります。

同時に、ファシリテーターがなんでも面白がる状況をつくることで、参加者の皆さんを「なにを言ってもいいんだ！」という気分にさせていくことも重要です。「こんなことを言うと『そんなの知ってるよ』って言われそう」とか「突っ込まれたら、あやふやな答えしか返せないなあ」とか「ウワサで聞いただけで本当かどうか確証がない」という不安がなくなり、「そういえばさあ！」「これ見て！」と次から次へと話題が広がります。

言い換えれば、歩きながらアイスブレイクとブレーンストーミングと大喜利（！）を自然としていることになりますね。冗談を言い合えるようになればばっちりです。

事前にどれだけ綿密に企画していても、当日の成り行きでは予想外な方向にそれることもありますが、それも1つの楽しみ。どんどんそれていきましょう。事前に決めたコト、場所だけを目的に、急いで目的地までの行程をトレースするだけでは新しい発見を見逃す可能性もあるのです。気になったことに対して立ち止まり、考える、話す、想像を巡らすゆとりを持ちましょう。

いかがですか？

まだ、どこから手をつけていけばいいのかわからないですか？

では次からわれわれ委員会が実際にワークショップで話題にする、もう少し具体的なヒントを5つ紹介しましょう。

フィールドワークにて市街地を楽しく取材中（仙台市連坊・2017年9月）

ヒント1

エリアの解像度を上げるキーワード

大きくは、①都市、住宅エリア、②農村、山村エリア、③港、漁港、河川エリアに分けて、まち歩きのポイントとなるキーワードを紹介します。例えば①都市、住宅エリアなどでは、ご商売をされているお店は、売り物やほかの店の店主などの人物、そのまちの風景をよく知ってらっしゃいますから物語の宝庫です。ここに挙げているもの以外でも、ピンときたら躊躇せず！好奇心の塊になりましょう。

もちろん危険な場所や立ち入り禁止エリア、また私有地などには勝手に侵入しないように気をつけましょう。また取材でお話を伺う場合は状況をみてお願いしましょう。事前に取材の依頼を相談に伺うのもよいかと思います。

たてしなっこわが町のイイトコ探し！手書き地図ワークショップ　無量寺での取材（長野県立科町・2017年7月）

KEYWORD

ヒント1：

エリアの解像度を上げるキーワード

① 都市、住宅エリア

昔からある商店　古い看板　町名

名物おじさん　看板娘（お姉さん）

看板　使われなくなったショウケース

居酒屋や中華料理屋

定食屋での面白い定食や丼ぶり

昔からある喫茶店　甘味どころ

銭湯　魚屋　八百屋

お肉屋さんのコロッケ

ハムカツ（買い食い推奨！）

② 農村、山村エリア

神社や寺院　道祖神

田畑は何が育つのか
（美味しいものいっぱい、誰が育てているのか！）

古い標識　秘密の桜のスポット

用水路はどこからどこへ行くのか

いつつくられたのか　暗渠となった川

地元の名士の像や石碑、その謂《いわ》れ

学生の登下校の道　地名の由来

野生動物の生息エリア　大きな木（御神木）

日はどちらから上がりどちらに沈むのか

お祭りや祝祭のイベントなど

③ 港、漁港、河川エリア

今や昔の船着場や港　お祭り

漁港でのお仕事　何が獲れるのか

船員さんが陸にあがって行く
バーやスナック

昔からある地名の謂れ

水や海の航行安全を祈念する
神社の謂れ

地蔵や石碑　２次加工業について

洋食店や定食屋さんの美味しい看板

料理や秘密のまかない料理

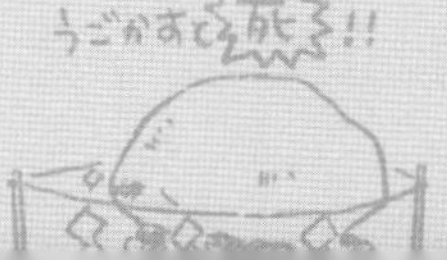

ヒント2　参加メンバーの持ち味もそれぞれ

老いも若きも目一杯楽しんでもらえるフィールドワークにするためには、参加メンバーについて気にすべきことがいくつかあります。それぞれの世代の持ち味やフォローしておくべきポイントを知っておけば、メンバーらしさが浮かび上がる地図になります。

シニア世代

昔から住んでいるシニアの皆さんは非常に重要なメンバーです。ボランティアガイドをされている方でなくても昔から住んでいるというだけで、「ぼくが小学校のころはここがこうだった」などと個人的なストーリーが活きてきます。例えば、今は暗渠となった川でこんな魚が釣れたなど、いろいろな話があると思います。ファシリテーターはどんどん記憶を解き放っていけるように質問したり、耳を傾けたりしましょう。

史跡やまちの歴史に詳しいというだけでなく、個人的なストーリーには血が通っていて、偏愛を第一にする手書き地図推進委員会の大好物です。

小学生などの子どもたち

水筒持参、体力などを考えて。基本的に子どもは皆シャイなので、ファシリテーターは常に話しかけるようにしましょう。皆にまんべんなく話しかけ、お話が得意な子に偏らないようにしましょう。メモする時間をつくり余裕を持って歩きます。行動範囲や所要時間も、なるべく余裕を持ちましょう。トイレや体調についても我慢しないですぐ声をかけられる状況にしましょう。例えば同じグループに低学年と高学年を混ぜて、高学年のリーダーをつくるといいでしょう。

参加の子どもたちがふじ姫饅頭にて取材
（長野県飯田市遠山郷・2017年8月）

ヒント3　道中のアクティビティで打ち解けよう

フィールドワークの道中は、じっとしながら話す座談会よりも、断然に仲が深まりやすいのです。後のマップメイクでチームワークを発揮するためにも、この時間を利用しない手はありません。ただ歩くだけでも自然と会話しやすい雰囲気が生まれますが、食べ物のお楽しみがあると、皆が自然と笑顔になります。

お昼ご飯を食べる

ワークショップの場合、参加者同士は初対面かもしれません。リラックスして発言できる活発な雰囲気をつくるため、チームビルディングの一環として、お昼を挟んで食事をとるのは、よい仕掛けです。取材対象の名物店でもいいでしょうし、偶然見つけた道端のお店でもいいと思います。

あるワークショップのランチタイムに、女性ひとりではあまり行きそうにない（ワイルドな、といえばいいでしょうか）定食屋に、参加者の主婦の方たちと一緒に入ったのですが、「知っていたが初めて入った。意外にもボリュームがあって美味しい」と喜ばれました。同じように、昔ながらの喫茶店も面白いでしょう。なるべく、チェーン店よりも昔から営業されている名物オーナー店主がいるようなお店に行きましょう。もちろん取材も忘れずに。

コロッケを買いながら店主にお話を伺う赤津、大内両研究員
（山形県天童市・2013年11月）

取材中に名物大山きのこカレーの写真をいかに特徴を捉え撮るかで競う川村、萩原両研究員
（神奈川県伊勢原市・2017年9月）

お店でお話を伺う（長野県佐久市 望月・2013年12月）

委員会の面々はうどんの名店をチェック
（埼玉県ときがわ・2013年12月）

一休みにおやつタイム

お店のご主人には「いつからやっているのですか？」「ここの名物はなんですか？」「屋号の由来は？」など聞いてみましょう。混んでいる時間は避けた方がよいですが、うまく聞ければ、店主の方も喜んで教えてくれるでしょう。できれば、写真も撮りましょう（店内では撮っていいですかと一声かけることも忘れずに！）。

　また、こういう時だからこそ、いつも頼むようなメニューではなく、思い切って興味をひくような巨大メニューや、地元限定・期間限定フレーバーなどの変わり種を頼んでみましょう。美味しくても、（万が一そうでなくても）楽しさは倍増です。途中の買い食いも推奨します。たい焼き、コロッケ、かき氷、アイスにたこ焼き、メンチカツ。だんごに、おでんにところてん。学生時分に戻ってみんなでわいわいお話ししながら楽しみましょう。

長野県飯田市遠山郷マルモ商店にて、かき氷休憩をとる一同（2017年8月）

ヒント4

備えあれば憂いなし。持ち物・記録・ルート補助

そして、せっかくのまち歩きを最大限に楽しむためには、入念な事前準備も欠かせません！　肝心のネタ集めも、悔いの残らないようしっかりと。

静岡県三島市を取材中の赤津、大内研究員（2013年11月）

たいやきの名店は必ずチェックする委員会の面々（長野県佐久市・2013年12月）

歩きやすい靴、カッパなど。水筒など飲料も重要

フィールドワーク中に合わない靴を履いたことが理由で、歩く

ことが億劫になるのは残念なことです。

遠足ではないですが履き慣れた、歩くのに適した靴がいいでしょう。運動靴が無難です。

また一度フィールドに出れば、天候の急変にも対応しなければなりません。都市部では取材途中のコンビニエンスストアなどで雨具を買うことは可能ですが、もしかして雨が降りそうだなという場合はできるだけ用意していきましょう。われわれもフィールドワーク中、夏の通り雨で雨宿りにお寺やお店に入ってやり過ごしたこともありましたが、それもまた楽しいひと時でした。余裕をもって状況を楽しみましょう。

水筒については特に小学生などお子さんが参加する場合は持たせましょう。まめに飲むことを促します。

同様にトイレ休憩も気にします。大人の参加者の場合はペットボトルなどを夏場は持つといいでしょう。

前出の雨宿り同様、喉が渇いたら喫茶店に入るのも楽しみのひとつですのでそこはバランスよく対応しましょう。

取材中の津金寺にて夕立のため雨宿り
（長野県立科町・2016年8月）

水筒をもってフィールドワーク（長野県飯田市遠山郷・2017年）

記録について

歩いていると気になるものがたくさん出てきて、メモも追いつかないようになります。そういう時はデジカメやスマートフォンなどで写真を撮っておくと、マップメイクの時にも時系列でカメラロールが確認でき、オススメです。気になるものがあったら、メモ代わりにどんどん写真を撮りましょう（あとで削除すればよいですしね）。手書き地図推進委員会のワークショップでは小さなプリンターを用意しています。撮った写真をマップ作成時にプリントアウトして使うこともありますよ。

スマートフォンやカメラを持たない、小中学生については、画板なども持って歩き、簡単な絵を紙に描きながら取材をするといいでしょう。写真はファシリテーターが撮ってあげましょう。

エスケープルートや車での補助について

歩く距離やルートの計画の立て方は、都市部と農村部で全く異なります。都市部は全行程歩ける距離で設計し実行できるかもしれませんが、農村部、山間部などは、ポイントが点在する可能性があるので、車移動でポイントを押さえるほうが

気になったことはその場で描き込む
（長野県立科町・2017年7月）

イノシシ肉の串焼きを記録する跡部研究員
（長野県佐久市・2013年12月）

広域にポイントが点在する場合は車で（長野県立科町・2016年9月）

いい場合があります。

ファシリテーターは事前にフィールドワークの規模を考慮してプランを設計する必要があります。また車両を使う場合は、集合場所のポイントをいくつかつくり、同行するファシリテーターと車両役（別のスタッフが望ましい）が電話などで連絡を取り合うとよいでしょう。

行動のルートについては事前に想定をして、長くても3時間以内がいいでしょう（子どもの場合はもっと短めに）。委員会では、例えば午前中に出発してお昼を食べて拠点に戻り、午後をマップメイクの時間にすることが多いです。

また前述のとおり、農村部や山間部などでは行動エリアが広くなる可能性があるので、車での送迎補助も必要となります。万が一具合が悪くなった人に対応するためにも、フィールドワーク中にエスケープ（一時離脱）できるルートや方法も、行程のなかで想定しておきましょう。

それから、余裕をもった行程でないと、その地点に行くだけになってしまうこともあります。もし前の地点で盛り上がって滞在時間が延びてしまったら、後半のポイントは思い切って飛ばすことも重要です。無理は禁物ですよ！

ヒント5

人に歴史あり。だから面白い

最後のヒントは、取材をするうえでもっとも大切な心得のようなもの、「人」への興味のふくらませ方です。

そのまちに住む今の／過去の「人たち」こそが、手書き地図をつくるうえでとても重要であり、地図を味わい深いものにする源泉となります。

過去の歴史、産業、商売など、一代記でも代々続く物語でも、そこにある産業や商売が積み重ねてきた歴史の「営み」を想う（イメージする）ことがとても重要です。自然やお地蔵さん、お店の看板メニュー、田畑や神社仏閣などは、ただ「事実」を書き込むだけではなく、（関わる）人に取材することで何倍も面白くなるのです。

商売や農業など知らない生業について積極的に聞くことも、楽しみにつながります。次の好奇心の対象を見つけるのも、フィールドワークの醍醐味。「へー、知らなかったなー」と取材していくうちに、その班でとっておきのネタが共有されはじめると、初対面同士でもチームワークの絆が深まって、どんどん取材が楽しくなりますよ！

普段の生活ではなかなか聞けないことを聞けるせっかくのチャンス。取材先の皆さんにはリスペクトを忘れずに、思い切って聞いて目一杯楽しみましょう。

青森県八戸市の洋酒喫茶プリンスにて、神妙に話を伺う赤津研究員（2013年12月）

楽しく取材するために念入りに調べ中の委員会の面々（東京都渋谷・2015年6月）

取材は対象者ごとに楽しみ方が変わる！

ということで、取材の楽しみ方を知っていただけたでしょうか。ここでは5つのヒントをご紹介しました。

次の節からは実際の手書き地図ワークショップを3つご紹介します。どんな人たちがどうやって取材を楽しんでいるのか、この5つのヒントを踏まえながら読んでみてくだ

ヒント1
エリアの解像度を上げるキーワード

ヒント2
参加メンバーの持ち味もそれぞれ

ヒント3
道中のアクティビティで打ち解けよう

ヒント4
備えあれば憂いなし。持ち物・記録・ルート補助

ヒント5
人に歴史あり。だから面白い。

さい。

事例1（山形県遊佐町、100ページ）では、「多世代の取材」でまちの知られざる記憶を掘り起こした例を、事例2（千葉県千葉市稲毛区、109ページ）では「オトナの取材」で童心に返るほどの好奇心を掻き立てられたかつての少年少女の姿を、事例3（福島県南相馬市、114ページ）では、「子どもの取材」の盛り上げ方、運営側のケアとやる気のサポート方法をご紹介しています。三者三様のチーム編成で盛り上がる取材、それぞれのヒントの活かし方に注目してみてください。

取材のコツ その1

多世代の取材：昔の記憶でタイムトラベル

取材は対象となるエリアや参加メンバーの編成によって楽しみ方は様々。取材のコツ1つ目に紹介するのは多世代チームによる取材例です。下は20代から上は70～80歳まで、平均年齢は過去最高のチーム。若い人たちからすると、おじいちゃん・おばあちゃんが話してくれる知られざる地元の思い出話はネタの宝庫。若い人のスポンジのような面白がり力とシニアの無限の引き出しを掛け合わせることで、どんどん浮かび上がるまちの個性を目撃できた取材でした。5つのヒントの活かし方にも注目しながら読んでみてください。

多世代チーム × 5つのヒント

1：エリアのキーワード
▼
当時の「職業」「屋号」「家の造り」

2：参加メンバーの持ち味
▼
70～80代の大先輩世代×地元の若い世代で生まれる相乗効果

3：道中のアクティビティ
▼
復活！！うまのくそまんじゅう

4：持ち物・記録・ルート補助
▼
取材時間を効率化するアイテム「家の造りシール」

5：人に歴史
▼
思い出の掘り起こしは若い世代に繋ぐバトン

CASE STUDY

山形県遊佐町／十日町通り思い出MAP（屋号編／職業編／歳の市編／家の造り編）

30年前の商店街の記憶を、手書き地図に残したい

山形の「おでこ」と言われる場所に位置する遊佐町は、山形県と秋田県の県境に位置する日本海の面したまちで、東北地方でも有数の名山・鳥海山の南麓に位置しています。そのため海の幸、山の幸がとにかく豊富。そしてなんといっても鳥海山の麓に広がる庄内平野と湧水が生み出した米どころのまちです。

なにを食べても美味しい、そんな遊佐町で手書き地図ワークショップを開催することになったきっかけは、2017年5月にゆざまち地域おこし協力隊の加藤未来《みく》さんから寄せられた相談からでした。昭和30年代の街並みを再現するというテーマで、「今」ではなく「過去」の記憶を巡りながら手書き地図をつくりたい、といいます。

なぜ過去の街並みを再現するのか？

昭和30年代、この地域では周囲の村が合併し新しい「遊佐町」ができた時代でした。「十日町」という地区にある十日町通りは遊佐町の中心街にあり、当時はここに来ればなんでも揃うほど様々なお店がある、とても賑わっていた商店街だったそうです。その当時の街並みや文化を手書き地図に残すことで、今ここに住む次の世代になんらかのヒントを残したり、まちの未来を考えるきっかけにしたりすることができるので

は？ そういった想いもあったのだと思います。

テーマは4つ、ワークショップ参加者の平均年齢は過去最高！

当日は、昭和30年代の遊佐町「屋号・職業・歳の市・家の造り」の4つのテーマに絞って手書き地図を作成することになりました。このテーマ設定は、事前にゆざまち地域おこし協力隊の加藤さんをはじめ、遊佐地域づくり協議会の皆さんがワークショップ参加予定者の方々と相談し、数あるテーマの中から、当時のまちを語るうえで外せないポイントとして厳選されたものです。この4つのキーワードが、エリアの解像度を上げてくれるキーワードとなります。

参加者の多くは昭和30年代に現役バリバリだった世代で、現在もお元気な70～80歳。当時の思い出を昨日のことのように思い出す人生の大先輩方です。先輩方に加え、現代の遊佐町に住む地元の若い世代、手書き地図推進委員会のメンバーが入り混じって、4つのチームを編成しました。われわれ委員会メンバーは、そこに住む人たちは当たり前の日常すぎてなかなか気がつかないまちのよさを外の視点で掘り起こす役割を担います。しかし、想定外だったのは座談会でのディスカッション。ネイティブな山形弁を聞き取ることができず、地元の若手メンバーに「通訳」をしてもらいながらの座談会となりました。いや～難しかった！ 座談会で取りまとめたことをベースに、いよいよフィールドワークのスタートです！

平均年齢最高にして最強のワークショップメンバー
熱い想いは当時のママ！（2017年10月）

思い出マップ・屋号編

記憶を引っ張り出す決めセリフ「ここねーだれのえだー？」

みなさんは「屋号」という言葉をご存知でしょうか？「屋号」とは、遊佐町の各家に付いている苗字とは別の名前のことです（もちろん遊佐町以外の日本各地で今でも使われているところも少なくないはず）。昔からの屋号を今も名乗る人が

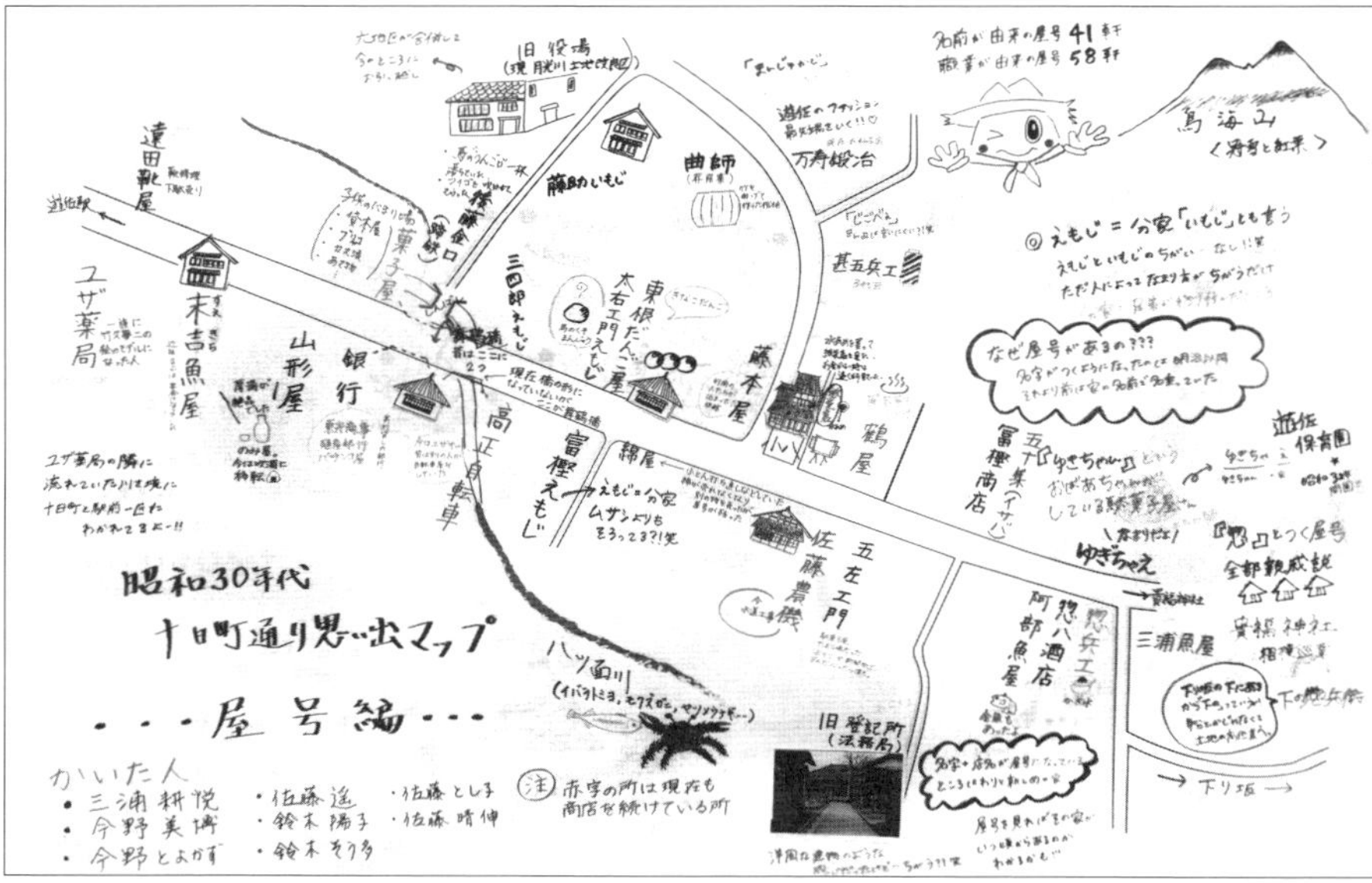

思い出マップ：屋号編　「〜えもじ」という屋号にある「えもじ」の意味は、兄弟が分家したという意味だそうです。かなりレベルの高い山形弁ですね（笑）

多く、町内の人に電話をするときなどは、苗字ではなく屋号を言うことが多いそうです。

そもそも日本人皆が「苗字」を持てるようになったのは明治以降になってから。それまでは特定の人だけに苗字が与えられていました。それ以前は、おのおのが自分の家に名前（屋号）を付けることで、今でいう苗字の代わりとして名乗っていたそうです。その名残りで、今も屋号を使う文化があるんですね！

そんな屋号を調査する屋号マップチームは、まず座談会の時点で1軒1軒の屋号を確認して、フィールドワークに臨みました。このセクションの冒頭に書いた「ここねーだれのえだー？」とは「ここの家は誰の家だ？」という山形の方言。昭和30年代当時と現代とでは道路の拡張などにより若干街並みが変わってしまった部分もあります。そのため取材では、当時をよく知るメンバーの記憶を辿りながら、1軒1軒タイムスリップして屋号マップの情報を収集します。フィールドワーク中に立ち寄った駄菓子屋さんを営んでいる「ゆぎちゃえ」さんで駄菓子を買い食いしたり、駄菓子やマニアックなアイテムを見つけては「知らなーい！」「なつかしー!!」などと盛り上がったりするのも、手書き地図推進委員会のフィールドワークならではです。

現地に赴いて照らし合わせながら調べた結果、名前に由来する屋号が41軒、当時の職業に由来する屋号が58軒でした。

遊佐町十日町通りにある面白屋号

・「ゆぎちゃえ」

駄菓子屋さんの屋号。ゆきちゃんというおばあさんがはじめたというところからこの屋号がついたそうです。「ゆきちゃんの家」が訛って「ゆぎちゃえ」になったそう。

・「まんじゅかじ」

まんじゅう屋さん……ではないです（笑）！ 名前の由来は昔営んでいた「鍛治」から来ています。しかし今は衣料品店になっていて、屋号の面影は全くありません。このように、十日町通りの屋号のなかには、当時営んでいたお店や職業の名前がそのまま屋号になった家が多くありました。今では姿形が変わり、屋号からは想像もできないお店になっていることも！

今でも駄菓子屋を営んでいる「ゆぎちゃえ」での取材、腰掛けたら世間話に花が咲き取材時間が足りなくなる……

・「じごべぇ」

こちらも名前からは全く想像ができないのですが、理容室をされています。最初の2文字は漢字で「甚五」と書くのですが、読み方は「じんご」ではなく呼びやすいから「じご」。このように訛った呼び方のまま定着して屋号になった家も多くありました。

思い出マップ・職業編

想定外！かつてまちにあった面白い職業あれこれ

職業マップのチーム取材で盛り上がったのは、当時の遊佐町にはどんな職業の人たちがいたのか？という聞き込み調査。実に様々な職業が実在していました。

お米の収穫まで支払いを待ってくれた酒屋さんや、農家さんたちの商売道具である農具を製造・修理する鍛冶屋さん、自動車がない時代に町の運送を担った馬車引きや、お医者さんに薬局、お菓子屋さんまで。生活に必要なものやサービス

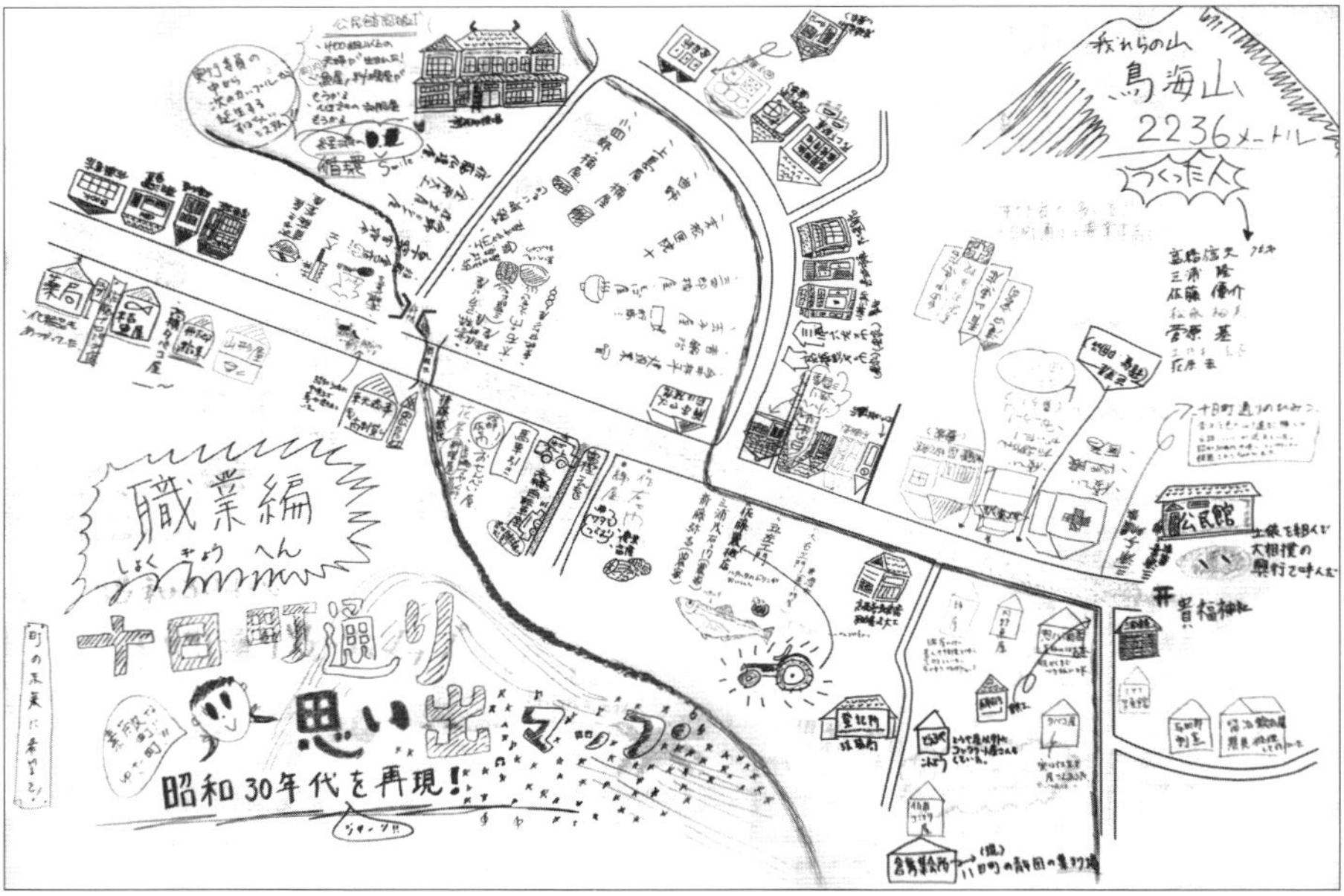

思い出マップ職業編：当時は公民館で結婚式を挙げることができたらしく400組以上の夫婦が誕生。魚屋、呉服屋、引き出物屋などが潤ったとのこと

はなんでも揃ったであろう、賑やかなまちの姿が浮かび上がってきます。なかには、このまちで商売をしている人のために隣町の酒田まで買い出しを代行してくれる、その名も便利屋さんという変わり種まで（なんとお弁当を買ってきてもらって学校に直接届けてもらった人もいたそう）！　今となっては想像もつかない面白い仕事の数々に、若い世代も興味津々です。

思い出マップ・歳の市編

遊佐町年末の最大イベント

歳の市とは、毎年12月29日の1日だけ開催されていた新しい年を迎えるための市で、主には日用品を売っていたお祭りです。歳の市の日には、商店街の道が満員電車のようにたくさんの人で溢れかえるほどの賑わいを見せていたそうです。現在では場所を遊佐駅前に変えて開

かつての商店街　今は道路になっていた

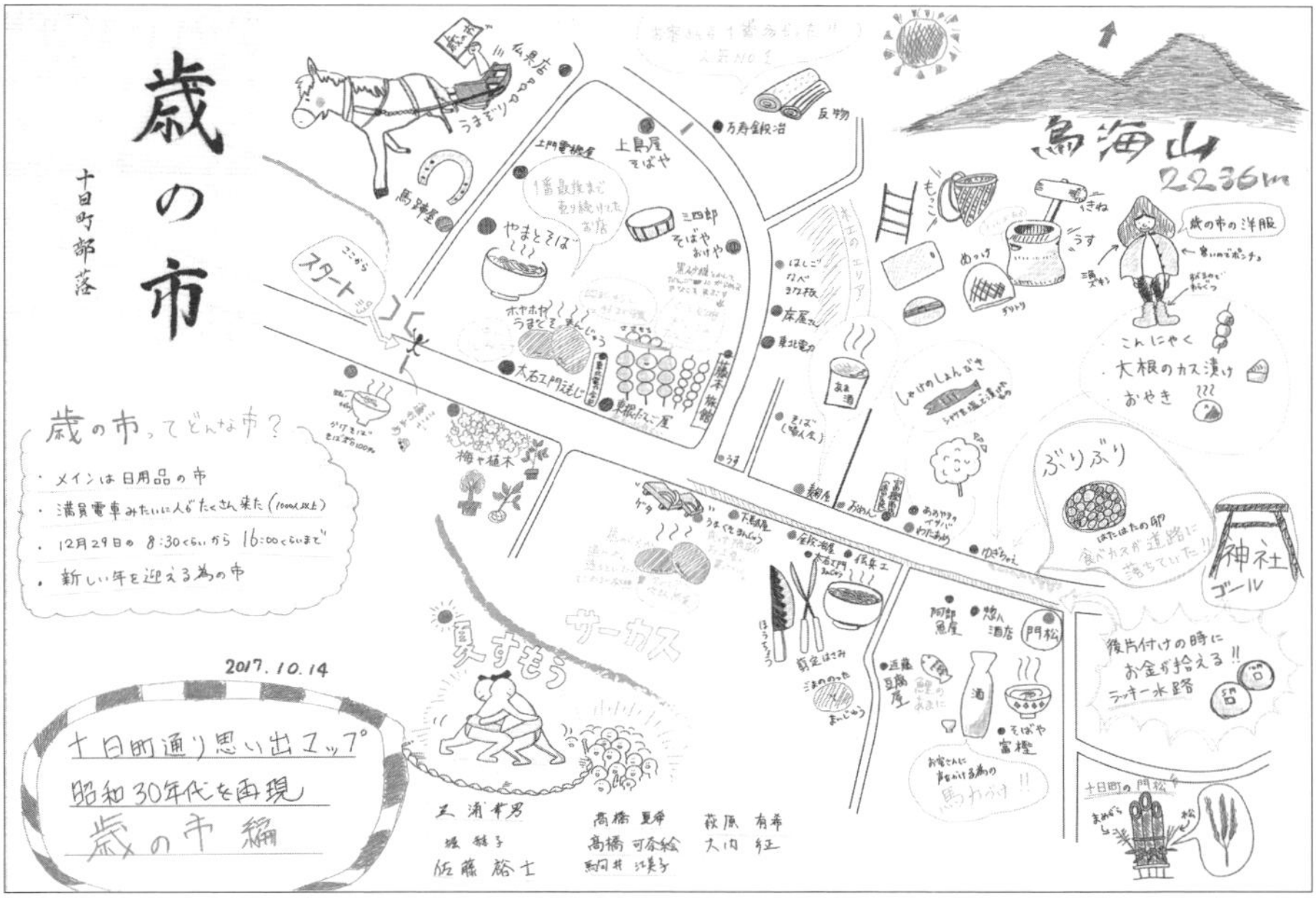

思い出マップ歳の市編：現在でも場所を変えて歳の市は開催されており、復刻版「うまのくそまんじゅう」は僅か10分で完売したそう

催されているとのことです。このチームの取材はかつて行われていた場所から記憶を辿っていきました。

昭和30年代に行われていた歳の市のメインストリートは、現在では商店街の姿はなく、住宅道路になっていました。しかし、実際に場所に来ると「商店街の道路脇には水路があって落ちてしまったお金を、歳の市の後片付けの時に拾い集めていたよねー！」という思い出が出てきました。やはり、座談会だけでなく実際に現場を歩くって重要ですね。もし昭和30年代に戻れたら、われわれも率先して後片付けをしたいと思いました。

一見すると普通のお家、かつてはおまんじゅう屋さん

現代に蘇った「うまのくそまんじゅう」

105ページの写真のお家は、歳の市でおまんじゅうを売っていたお店（お家）です。その名も「うまのくそまんじゅう」。どうしてそんな名前になったのか？ 取材に参加している若手が質問すると「うまのくそのようだから」だそうです。この取材後、加藤さんが、当時の人たちからの記憶を頼りに復刻し、みんなで試食しました。名前はともかく、中はしっとり甘いあんこ、外はふわっとした生地で、最高にウマかったです。

思い出マップ・家の造り編

十日町通りは職人技ひしめく生きた博物館

最後に紹介するのは家の造りマップチーム。遊佐町の家の造りは、当時この町に住んでいた人々の職業と、密接に関係していました。取材しながら見つけたのは、特に商売を営む家庭では、家にお店がジョイントしたような構造になっていることと、逆に農家さんなどはお店部分の構造がない造りになっていることです。例えば、お父さんが左官屋さんでお母さんは路面店の理容室を営むお家や、お父さんが大工さんでお母さんが雑貨屋さんという兼業スタイルなど。十日町通りには、そんな住まいやお店が所狭しと軒を連ねていました。

例えばこの左の写真は、左側が住居スペースで右側がお店スペース。今ではご商売はされていませんが、確かにお店とお家がくっついた特徴的な形をしている家ですね。こういった形で当時の家の造りには大きく4つのパターンに分類できたので、あらかじめ4つの「家の造りシール」を用意して、効率よく取材を行えるよう準備しました。

多世代取材で実現した過去から未来へのバトン

「今はない街並みを思い出す」という珍しい地図づくりワークショップでしたが、遊佐町にはまだ、当時の名前や職業に由来する屋号を使い続けられる地域のコミュニティがしっかり残っていることがわかりました。そして、手書き地図を完成させるうえで地元の若手の参加者と年配の参加者、そして外の視点を持つ委員会のメンバーが混じり合う取材チームを構成できたことにより、当時のまちの様子を知ることができただけでなく、時代に合わせた自由で柔軟な生き方や現代の遊佐町を盛り上げるヒントなどを感じ取れたことも収穫でした。一定の世代だけの取材チームではこのような「気づき」はなかったかもしれません。当時のまちにあった賑わいや面白さを、当時の人たちの頭の中にしまい込んで置くのはもったいない！ 手書き地図という見えるカタチにすれば、次の若い世代へのなんらかの「バトン」になる！ そんなフィールドワークでした。

住居と店舗が合体しているスタンダードな家のかたち

家の造り編：いまでも6軒ほど当時のおもむきを残す家屋が存在している

取材のコツ その2

オトナの取材：子どものような好奇心を取り戻そう

2つ目に紹介するのは、〝オトナ〟チームによる取材例です。その土地に暮らし、地域社会を支えているクールなオトナたちでも、いったん「取材」に飛び出してみると、童心に返って思いがけない行動をしてしまうようです（笑）。

オトナチーム × 5つのヒント

1：エリアのキーワード
▼
身近だけどナゾの工場

2：参加メンバーの持ち味
▼
30〜70代のオトナが内に秘めたる好奇心と童心

3：道中のアクティビティ
▼
工場に突撃取材

4：持ち物・記録・ルート補助
▼
ふだん車で通るエリアを徒歩で歩いてみる

5：人に歴史
▼
長年暮らしている人でも見えていない身近な建物に注目

CASE STUDY

千葉県千葉市稲毛区／あなたの知らない稲毛の工場マップ②

「ないない」が「あるある」に！暮らしのナゾをひも解こう

おだやかに晴れた初冬のある日、千葉市の稲毛区で「NPO法人まちづくりスポット稲毛（以下、まちスポ稲毛）」の皆さんと手書き地図ワークショップを行いました。実は、われわれ委員会メンバー全員が人生初稲毛。なんの予備情報もない稲毛。そんなドキドキとワクワクで始まったワークショップは、やはり「ないな〜、ないよ〜」からスタートしたのです。そう、みなさん最初は言うんです、うちのまちには特になーんにもないんだよーと。

そんなまちにこそ何かある——常々そう思っているわれわれは、いつものワークショップスタイル、つまり座談会〜取材（フィールドワーク）〜マップメイク〜発表という流れで「うちには何にもないなー」と口々にこぼす地元のみなさんの「あるある！」を引き出すべく、全力投球で挑みます。

今回集まっていただいた皆さんにもまちの〝ウワサ〟や暮らしの〝エピソード〟をどんどん出してもらい、テーマと調査課題を決めてフィールドワークし、戻ってきたらみんなで模造紙にどんどん書き落としていくというプロセスを体験してもらいました。

「ないない……」が「あるある！」になった瞬間、みんな笑顔になる！

実は、取材（フィールドワーク）の成否の分かれ道も、最後の地図づくり同様、最初にグループに分かれて行う「座談会」に

最初は静かな雰囲気のオトナたちも、終わってみればこの笑顔！

あるんです。というのも、ここでなにを話すかによって、その後の興味のベクトルが変わるから。その方向性によって「神社仏閣を見よう！」というグループが出てきたり、「農業にこだわって、無人販売とフルーツ狩りに注目しよう」といったグループが現れたりと、視点もテーマも様々に……。

こんな時、われわれ手書き地図推進委員会は〝引き出し役〟に徹します（そしてわれわれ自身が楽しんじゃう！）。そばで話を聞きながら、まずまちの話、普段の生活の話、子どものころにおじいちゃんやおばあちゃんから聞いた話、個人的な思い出話をすることから始めます。すると、あれやこれやと知っていることが出てくるもの。ほかの地域の事例やこれまで積み重ねてきたアイデアやヒントを惜しみなく出して、「ああ、そういう話でいいなら、うちのまちにはこんなことがあるよ！」という〝あるある〟を引き出していくわけです。するといつしか、ないない話があるある話に！

座談会の最中、子どものころの思い出話に花を咲かせる

いつもの「暮らしの中のナゾ」を解くフィールドワーク

ここ稲毛のことを深掘りしていくと、工場がたくさんあるある！という話になりました。大きすぎて、目に入っていなかったようです（笑）。しかも、どうやら近所にたくさんある大きな工場で、一体なにがつくられているのか、実はちゃんと知っている人が皆無。稲毛の参加者の多くは日ごろ車で生活しているため、「工場」について話はあれこれ出るものの、いつも通りすぎるだけの〝車窓の風景〟でしかなかったそう。実際に工場の前に立ってみること自体がないようで、その場の全員が笑ってしまう状況に。逆にこれを機会に〝ナゾ〟を解けそうだと雰囲気も和んできたところで、「工場巡り」と「まちのウワサ」の2つのチームに分かれて、オトナも子どもも一緒に取材（フィールドワーク）へいざ出発。

オトナがコドモに戻る時
地元を〝確かめに行く〟という大冒険！

取材は地図づくりにとって欠かせない行為です。あらかじめ課題や目的を持って現地を調査することで、それまで話でしか知り得なかったことを自分の目で確かめられるからです。さっきまでみんなが話していたことが、実際はどうなっているのか？　話にはなかった新しい発見もあるかもしれません。なんだか冒険に出るみたいで、ワクワクしますね！

そうそう、この時、工場巡りチームの一員だった最年長の男性が、「中に入って何をつくっているか聞いてくるよ！」と急に走り出したのです。興奮したオトナが、まるでコドモに戻ってしまった瞬間でした（笑）。コンクリートや工業製品をつくる工場だということを突き止めて、無邪気に「わかったわかった！」と笑顔になって戻ってくる。こんな光景に出会うたびに、ああ、

突然フェンスによじ登り、工場を指差す参加者

工場に突撃取材をする参加者の１人を、固唾を飲んで見守るの図

なんだか小学生に戻ったよう！

手書き地図推進委員会をやってよかったなぁ、と思います。

いつも車で通る道を、歩いてみる

稲毛で再確認した大切なことがもう1つあります。それは「車」が主体になっている地方の生活行動を、いかに「徒歩」にする機会を増やすか、ということ。当たり前ですが、いつも車で移動しているのですから、その道中にあるたくさんの情報や物語は〝高速〟で通過して見落としてしまうわけです。これでは「ある」ものも「ない」ように感じてしまって当然。ですから、時には車を降りてみて、いつも通る道や知っている〝はず〟の地区を、あえて歩いてみるといいと思うのです。

そうそう、稲毛でも「取材って歩いてやるの?! いやいや、かなり広いんだけど?!」という声がこぼれてきました。われわれは容赦なく「歩きます!!!」と返しましたが、実際に取材に出てみると、みなさん無理なく歩けるわけですね。習慣や思い込みなんて、そんなもの。この際だから打ち壊しちゃいましょう。気になるものを目にしたら、あなたもうっかり走り出しちゃうかも、ですよ！

取材のコツ その3

子どもの取材：
小道具で気分を盛り上げ、取材を楽しむ

最後に取材編で紹介するのは、〝子ども〟チームの活躍です。福島県南相馬市。野《の》馬《ま》追《おい》の騎馬武者団ならぬ〝小学生記者団〟たちの大活躍を取り上げます。自分たちの暮らしているまちに普及しつつある「自然エネルギー」がどんな風に設置されて、どのように活用されているのか？ 灼熱の夏休み、記者団たちの熱い大冒険の１日を追いました。

子どもチーム × 5つのヒント

1：エリアのキーワード
▼
自然エネルギー、記者団、冒険心

2：参加メンバーの持ち味
▼
熱心にノートをとる！ランチをもりもり食べる！

3：道中のアクティビティ
▼
最先端の設備を取材！

4：持ち物・記録・ルート補助
▼
特製取材ノート、記者腕章

5：人に歴史
▼
震災の記憶を忘れず、前向きに次世代へつなぐ

CASE STUDY

福島県南相馬市／遊んで学べる　南相馬再エネマップ

小学生〝記者団〟が駆け巡る！

精悍な騎馬武者団が駆け巡る神事、「野《の》馬《ま》追《おい》」で知られる南相馬の大地を、勇ましい小学生たちによって結成された〝手書き地図記者団〟が駆けまわる。そんなワクワクする手書き地図ワークショップをお手伝いしました。

　よく晴れた夏休みの暑〜い日。福島県南相馬市の再生可能エネルギー（再エネ）施設をマップにしよう！ということで、南相馬ソーラー・アグリパーク主催による手書き地図ワークショップが実施されました。「記者になって南相馬の再エネ施設をてってい取材！」ということで、地元の小学生たちによる〝記者団〟を結成。夏休みに入ったばかりの敏腕記者たちとともに、われわれ手書き地図推進委員会も南相馬を駆けまわったのです。

「取材ノート」で気分は敏腕新聞記者！

テーマとなった「再生可能エネルギー」は、震災後の南相馬に普及しつつある太陽光エネルギーを中心に、市内のあちこちに配備された先端技術。その存在を、地元の子どもたちに知ってもらうためのフィールドワークでもあったのです。こうした地域学習の手段の1つとして、手書き地図ワークショップをうまく活用してもらえるならと、われわれお

当時の企み担当、南相馬ソーラー・アグリパークの大野さん（左）と沖沢さん（右）

取材ノートを手にした瞬間から、やる気も満々に！

じさんたちも負けじと張り切りました！

手書き地図づくりは、自分のまちを知る絶好のチャンスです。ちょっと難しいかもしれない「再生可能エネルギー」というテーマでしたが、夏休みの自由研究にもなるということで、子どもたちの鼻息は想像以上に荒いとの前情報（笑）。その期待を裏切ってはいけないと、とある〝道具〟を準備しました。それが「取材ノート」です。主催者の南相馬ソーラー・アグリパークの皆さんが夜なべをしてつくってくれたこのノート、それと「記者腕章」を１人ひとりに授与して、気分を高めてもらう作戦です。果たしてこれが大好評だったのでした。

ノートの中身は、その日訪れる場所ごとにページをつくり、メモ欄をレイアウトしたもの。表紙はカラフルにして、好きな色を選べる仕組み。こういうアイテムだけでモチベーションが上がるのだから、不思議なものです。

団結力と機動力を存分に発揮した小学生記者団。
野馬追の武士たちも真っ青！

知らない場所も怖くない！頼もしいお兄さんお姉さんの存在

アイテムも揃って準備万端。いよいよ肝心の取材に出かけます。市内の小学校にある太陽光発電の発電事情や、メガソーラーの建設予定地（当時）など、記者たちは勇んで取材先をフィールドワーク。中でも伊藤冷機工業さんのソーラーパネルは、太陽の動きを追いかけながら向きを変える「追尾式」というレアなタイプ。施設の方の説明に耳を傾けながら、自分たちが暮らすまちにすごい設備があることを知り、記者たちもなんだか誇らしい様子！ みんな取材ノートに熱心にメモってました。このノート、つくって大正解でしたね！

当日は、地元の社会活動に関心の高い高校生ボランティア軍団も駆けつけてくれて、子どもたちが実力を発揮する環境をうまーくつくってくれました。子どもたちが恥ずかしがったり不安になったりしないようにさりげなく声を掛けて、フィールドワークを存分に楽しめる雰囲気づくりをしてくれて、頼もしいのなんの。ワークショップのサポートにつく人だって、やらされることばかりではつらいだけですもんね。だから、自ら率先してサポートを楽しむ！ これ、手書き地図ワークショップにおいて、とても大切な要素です。

すでにできあがった地図を使うことだけに慣れてしまうと、なかなか気づかないアレコレ。自分で考えて、思い出して、歩いて確認して、絵が下手でもいいから書いてみる。そういうことをどんどんやりましょう！

地元の高校生スーパボランティアたち、頼もしい！

伊藤冷機工業さんの追尾式ソーラーパネル。かっこいい！

こうして、みんなで集まって話を聞きに出かけて、特ダネをどんどんノートに書き込みながら、いつもの遊びの話とは異なるネタ（再エネのこと）について話すことは、子どもたちにとってずいぶん新鮮な体験だったようです。自分たちが暮らすまちのことを改めて知る楽しさ、教え合う喜びは、実際にやってみないとわか

▲熱心に耳を傾ける記者団

▼黙々とペンを走らせる記者団

◀取材ノートには特ダネがびっしりと……

らないもの。どんなまちでも必ず、フィールドワークを終えると「新発見でした！」と楽しげに話してくれる人がいます。それほど、みんなが夢中になり、自分のまちを楽しめてしまうのが、手書き地図ワークショップのよさだと言えるでしょう。

美味〝再エネサンド〟でお腹を満たし、いよいよ地図に！

フルスロットルで動いた午前中を終えて、お昼はソーラー設備をフル活用。さすがはソーラー・アグリパーク。ベーコンやトマトを「再エネ」で焼いてパンに挟んで、腹が減っては戦もできぬとばかりにぱくっと頬張る。これが最高に美味しいのなんの！こういうコミュニケーションの場があると、手書き地図ワークショップは必然的に盛り上がります。

再エネでつくったサンドイッチ、激ウマでした！

楽しくお腹も一杯、エネルギーを補給したら午後は地図づくりです。

いざ大きな模造紙に書き込もうとするとき、真っ白なキャンバスに最初のひと筆を入れるのは、さすがに躊躇《ちゅうちょ》しちゃうもの。そんな時は、ほかのワークショップの事例などをわかりやすく話してあげたり、実際の手書き地図を見せてあげたりするだけで、「なーんだ、そういう感じでいいんだ！」と急にペンを走らせます。こうなると、子どもたちの創造の力は解き放たれる一方。あれよあれよという間に手書き地図ができていきます。それというのも、やはり「取材ノート」があってこそ。熱心に仕入れた〝特ダネ〟をその場で確認できるので、本当に役立ちました。

優秀な記者団の実力をいかんなく引き出してくれた「取材ノート」と「記者腕章」の存在は、子どもたちのフィールドワークを成功させたいと願う主催者を後押しする非常に強力なツールとなりました。地図づくりを楽しむ演出にもなるし、後の地図づくりのメモとしても役に立つのですから、これは用意しない手はありません。オトナも子どもも一緒に楽しめるフィールドワークとして、南相馬の熱い一日は、われわれにとっても想像以上の収穫となりました。

第4章

オンリーワンな地図づくり

届けたい読み手に、伝えたい視点でまちを案内する

この章ではいよいよ、第2章の座談会から始めよう、第3章の取材に出かけようをふまえた「オンリーワンな地図づくり」を紹介します。

座談会やフィールドワークで集めた情報を1枚の紙に落とし込むには、「編集」という視点が大切になってきます。いきなり「編集」と言われてもちょっと難しいですよね。でもいたってシンプルなんです。

まず、手書き地図を書くときの「編集」とは、「取材したたくさんの情報を、〝読んでもらいたい人（読み手）〟を意識して、〝一定の視点〟で整理する」行為のことだと考えてください。

もちろん地図の「読み手」とは、地図を手に取ってくれる人のことですね。来街する観光客やそこに住んでいる大人や子ども、または通勤する会社で働く人など、つくった地図を見てもらいたいすべての人のことを考えてつくります。ではなぜ、手書き地図で読み手を意識しなくてはいけないのでしょう。一般的な地図の場合は「目的地に到達するための手段や今いる場所を知るためのもの」なので、読み手は「地図で目的地などを探している人」と位置づけることができます。しかし手書き地図の場合、読み手が期待するのは正確な位置情報ではありません。「書き手（＝あなた）」の視点を借りて、地域の暮らしぶりや魅力を知りたいという「読み物」に近い期待が存在します。そんな読み手の期待に応えようとつくられた地図には、無機質な位置情報だけでなく、書き手の伝えたいまちの個性がはっきりと浮き上がってきます。

次に一定の視点で整理するとは、地図上に掲載する紹介する「情報の切り口」を用意することです。

例えば、

歴史ある神社・仏閣を地図に掲載する場合
▼
所在地や歴史といった単なる事実の紹介にとどまらず、その建築物としてのカタチ、訪れる時間帯、古くからの言い伝えで整理する

商店街のお店を掲載する場合
▼
ご主人の人柄に絞ってお店を紹介したり、地元の人だけが利用するサービスや、裏メニューだけに絞ったりして情報を整理する

公園、道路、山林などを掲載する
▼
通称やウワサ話、「昔はXXだった場所」など歴史的な視点などを交えて整理する

などです。つまり、単なる事実の紹介だけにはとどまらずに「あなたならではの」「ここだけの」情報を盛り込むことができれば、地図を手にとってくれた人は、まるであなたにまちを案内してもらっているかのような感覚で、まちを見ることができるのです。手書き地図は書き手の視点の分だけ面白さがあるのです。

グループワークでの手書き地図のつくり方

そうはいっても、手書き地図ワークショップは「グループワーク」です。あなただけの視点でつくる地図と

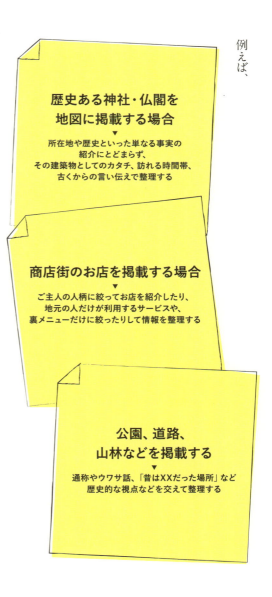

は一味違って、チームの賛同や共感も必要になり、自分だけの興味関心を伝えることに躊躇してしまうこともあります。いざ地図を書き始めようとしても、取材した情報を誰がどう「編集」し書きはじめるか、悩んで手が止まってしまうことも多いのです。ここでは、あまり難しく考えずに気軽な気持ちで情報を編集しながら手書き地図を書いていくことを整理してみました。

われわれ委員会のワークショップでは、必ず模造紙を使ったグループワークで手書き地図を作成します。今回は、その手順を中心にご紹介します。

グループワークで手書き地図をつくるヒント

難しい知識や
専門的な技術よりも、
必要なのは楽しむ気持ち！

寄せ書き感覚！
みんなで楽しむ
地図づくりのコツ

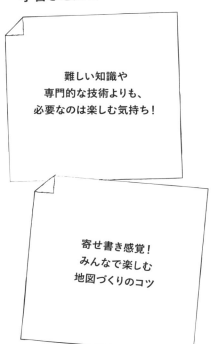

ステップ1

地図の範囲を決める

最初に手書き地図に掲載する範囲を決めます。繰り返しますが、手書き地図は目的地に正確に移動するためのツールではないので、地理情報を重視する必要がありません。エリアを決めてから書き込んでもよいのですが、エリアを決めることに気を取られると、エリアからはみ出す大事な内容への意識が希薄になってしまうこともあります。なので、まずはエリアを無視して、掲載したい情報から範囲を区切ることが手書き地図には大切です。過去に実際に行ったワークショップなどの事例を見ながら、地図の範囲の決め方を見ていきましょう。

大まかな範囲を決めたら、ざっくりとランドマークや主要な道路、河川、山などを書き込みましょう。この時の注意点としては、縮尺などの正確性を求めなくてもよいことです。ざっくりとおおらかな気持ちでベースになる情報を

手書き地図の書き方のヒント

—範囲の決め方—

伝えたいことを整理してから
範囲を決める

俯瞰的に見た範囲でも、
真横から見た範囲でも構わない

本物の地図を見るなどしながら
一度書き出してみる

紙（模造紙など）を縦に使うか、
横に使うか決める

—道の書き方—

地図のメインになる道を
中心に書いて、
その道（幹）に木の枝のように
小道を加えていくと上手に書ける

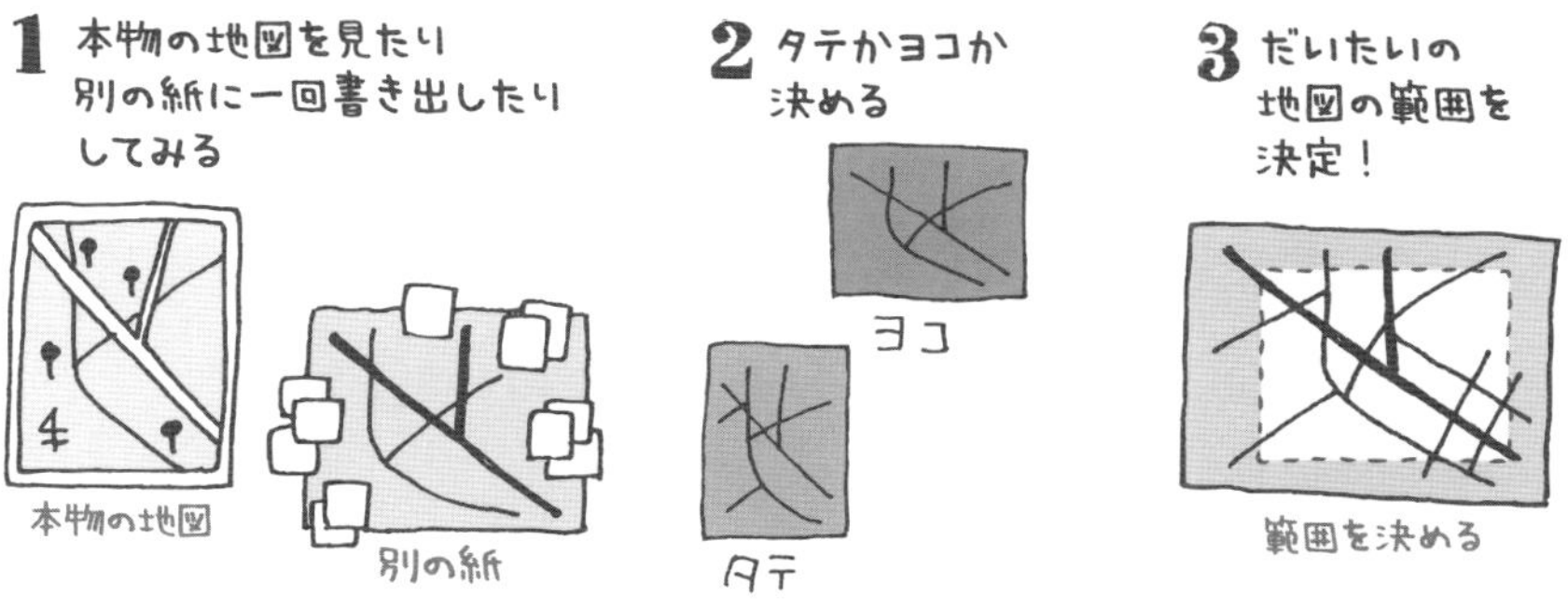

1 本物の地図を見たり
別の紙に一回書き出したり
してみる
本物の地図
別の紙
2 タテかヨコか
決める
ヨコ
タテ
3 だいたいの
地図の範囲を
決定！
範囲を決める

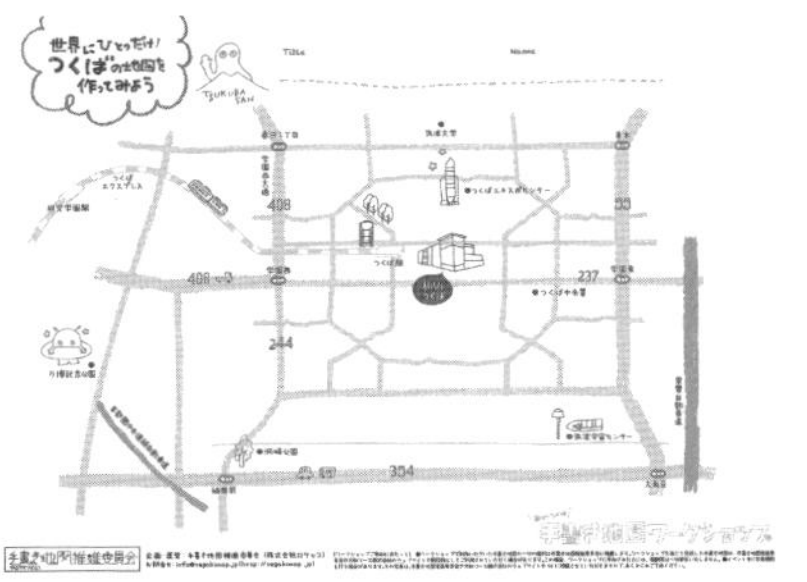

その1：
茨城県つくば市で開催したワークショップの際につくった白地図（2015年9月）。運営者側であらかじめワークショップのエリアを決定しておいた例。伝えたい内容を書き込むことに集中してもらうため、白地図を用意した。ワークショップ会場となった施設を中心に、主要なランドマーク（交差点名など）を記載している

その2：
長野県立科町のワークショップの例（2016年9月）。こちらも運営者側で事前にエリアを決めた例。複数チームでのワークショップのため、立科町をざっくりと北部（農業エリア／茂田井・立科南部・立科東西）、南部（観光エリア／白樺高原）と分けている。農村エリアは、山あいに広がる田園風景やりんご畑、中山道、遺跡など見所も多いため、3エリアに分割し、配布対象の農家民泊利用者により深く地域を知ってもらえるようになっている

その3：
福島県南相馬市での例（2016年7月）。地区などは特に気にすることなく、フィールドワークで巡った場所とルートでつくられた例。縮尺や交差点などのランドマークが一切なく、小学生が作成しただけあって現実に囚われない自由さが魅力。大人はついつい交差点などのランドマークを書いたりしたくなるがフィールドワークで気になった場所だけに焦点を当てるのも1つの手

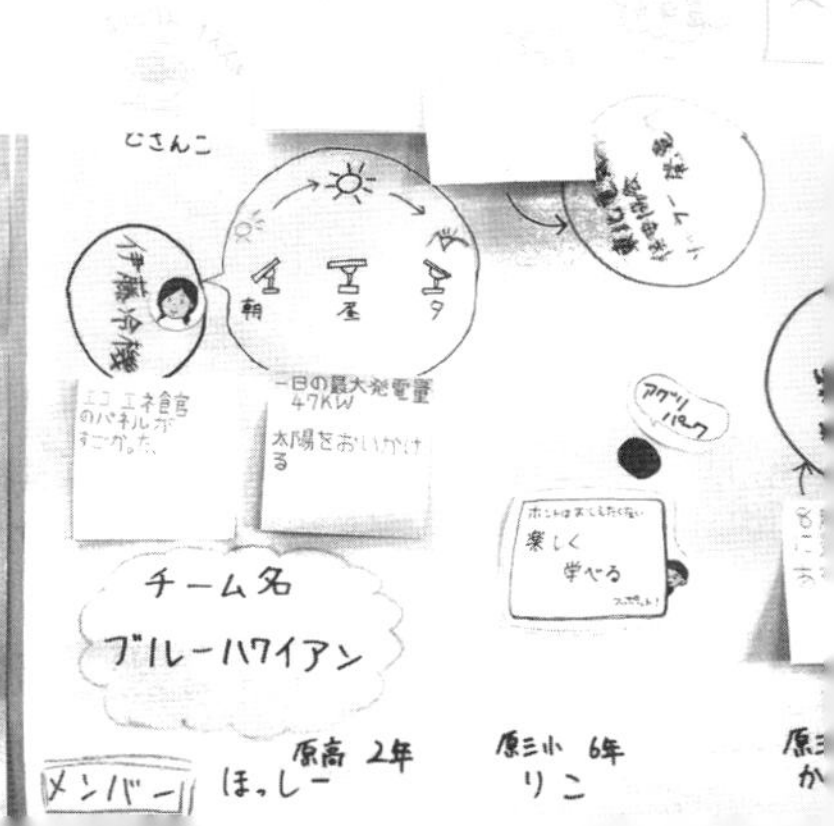

書いていきましょう。ちょっと上級編になるかもしれませんが、一番書きたいものを中心に据えて同心円状に範囲を決めてもよいですし、例えば山や谷など起伏のある場所なら、ロールプレイングゲームのように高低差を断面的に表すのも面白いかもしれません。

大切なのは、正確さよりも面白さ。ちょっと遠い場所も入れておきたいなら欄外を設けてどんどん〝はみ出して〟ください。もっと地図が魅力的になるかもしれませんよ。

ステップ2

取材したことをどんどん書き出す

取材で得たチームの情報は、一度付箋やシールなどで模造紙（コピー用紙でも可）に集約します。書き始めの段階ではあまり視点やテーマで絞り込みすぎず、取材の時間軸に沿って思ったこと、感じたことをどんどん書き出していきましょう。取材でもらったパンフレットや撮った写真を見返して思い出しながら書き出します。ここで大切なのは、「恥ずかしがらない」こと。

―取材内容の書き方―

恥ずかしがらないで
どんどん書き出す

あなたの日常は誰かの非日常

諸説ありやウワサ話も大歓迎

言葉で説明が難しい場合は
絵でも写真でもOK

茨城県つくば市で開催したワークショップの作品例（2015年9月）。「おしっこがきいろくなるラーメン屋」。作者の小学生による自由奔放なコメント。家族でラーメンを食べに行った時の思い出を、恥ずかしがらずに書いてくれたのかも知れませんね

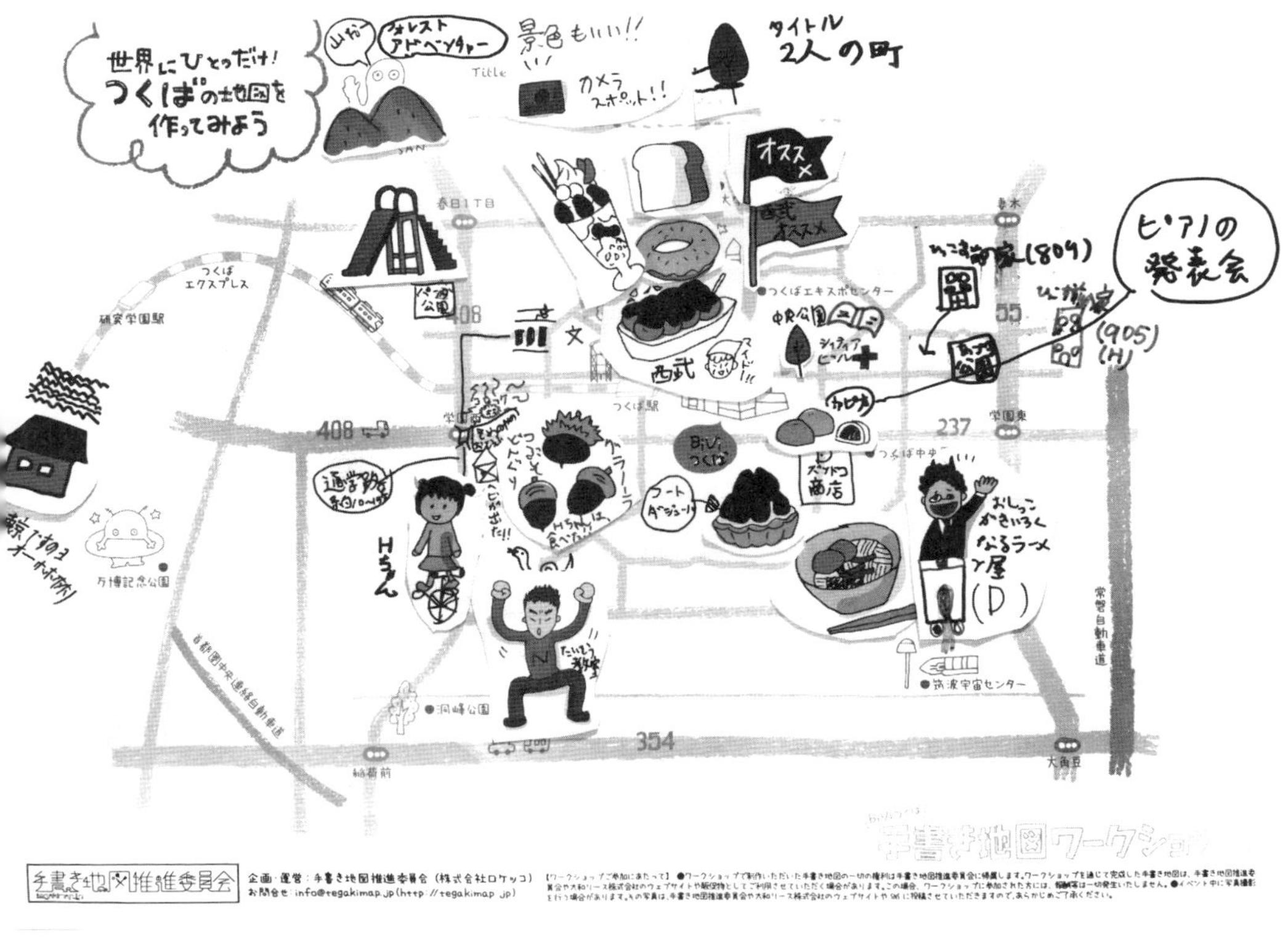

「あなたの日常はだれかの非日常」なのです。こんなネタを載せたらカッコ悪いかな? なんてとんでもない! そのネタに新しい発見や共感があるのです。手書き地図の面白さは書き手の「視点」そのもの。答えのない諸説あり?! な言い伝え、知る人ぞ知るまちのウワサも大歓迎。第2章「ウワサを集める3つのつくば探検」で紹介した、つくば市でのワークショップ。白地図にまちのウワサを書いてもらったのですが、この時参加した小学生が書いてくれたコメントをご覧ください(126ページ参照)。

ステップ3　付箋紙、メモ、写真などを地図に貼っていこう

次に、ステップ2で書き出したアイデアを、本番用の模造紙に置いてみましょう。

128ページの手書き地図は、長野県立科町でつくったものです。取材で撮影した写真などを印刷して貼りつけることで、よりカラフルな手書き地図になっています。これなら絵が苦手な人でも気軽に手書き地図を書くことができますね。神社や建物などのランドマークを絵で描くのは難しいな……と思ったら、撮影した写真を切り取って貼り付けてもいいのです。

手書き地図素材集

われわれ委員会のワークショップでは、絵が苦手!という人にも臆せず地図づくりを楽しんでもらうために、手書き地図の素材集を用意しています。工作感覚で楽しく使えて、吹き出しに大喜利風のコメントを書き込んでもらうなど、気軽に使えるアイテムです。この素材集は手書き地図推進委員会のホームページからダウンロードできるので、ぜひ印刷して使ってみてください。

URL:
http://bit.ly/2HOpYUt

商用利用はご遠慮ください!

(リンク先が見つからない?! ダウンロードできない? という場合はホームページにあるメールアドレスにご連絡ください)

フンをみれば動物がわかる！
By-きのこのかみさま
約53メートル
立科町のくぐれ
痩せてナ？
カラマツ三万本？
途中にカンバンあり
六川新道
牛形の鉄塔
鳴石
もうもう
カメラポイント
くりかえし来たくなる場所
白樺高原
シカスポット
第2の女神湖？
モウセンゴケ
ワタスゲ
温地帯
カッパ伝説
一年で凍る所が
女神湖
レンタルサイクル
ヒメボタルの里
高い所に住んでいる
カワイイペンション
蓼科山からヤッホー
住民イチオシ！
恋人の聖地
金の鯉を見つけると幸せになれます
御泉水自然園
困ったとりい
この中身はなんでしょう？？？
ホリゾン1
ゴンドラ
日本一景色の良いトイレ
きのこの神様の家
秋、かつらの木がキレイ。
たくさんのマイナスイオン。
塩沢堰
御柱の道
秋の紅葉シーズンは最高
カメラポイント
夕日の見える丘
みんなでさけぼうヤッホーポイント
ヤッホ～
まだまだ
2530m
2531m
成長中…
妖精の好きなもの
・りんご
・澄んだきれいな水
日本一標高の高いローソン
長野県一小さいローソン
7-21時まで
一面に広がる“コバイケイソウ”の群落
水が見えるよ！
ミズナラ林の森の先に水源がある
塩沢堰の水源
弁天神
立科の水の源
真田丸と同じ頃
ラジコン用のサーキットもあるよ！
蓼科山
UFO

ステップ4 情報にメリハリをつけよう

いよいよ本番の模造紙に下書きをしていきます。ステップ2で書き出した内容を整理するポイントは、「伝えたいことを大きく書く」ということです。ポイントとなるランドマークや交差点の名前などは、もちろん最低限の位置関係を把握するヒントになりますが、一番伝えたいのは「皆さんの視点で見たまちの姿」なのです。躊躇せずに、伝えたいことはこれでもかと大きく書いてください。

下の手書き地図は静岡県沼津市で作成した手書き地図です。観光名所である沼津港だけでなく、沼津駅から港まで道中の駅前商店街にも立ち寄ってもらいたいという気持ちが、港からまちに続く様々な散歩道によく表れています。ランドマークとして港も駅も書いてありますが、一番伝えたいことは港から駅までの様々な「道草」の楽しみ方です。中央には大きく道草のバリエーションを4ルートで示して、それぞれテーマに沿った道草情報を掲載しています。

—情報のメリハリのコツ—

伝えたいことを大きく書く

交差点や建物などの
ランドマークは最低限あればよい

書きたいことがたくさん
あるときは、吹き出しを使って
地図の余白にまとめる

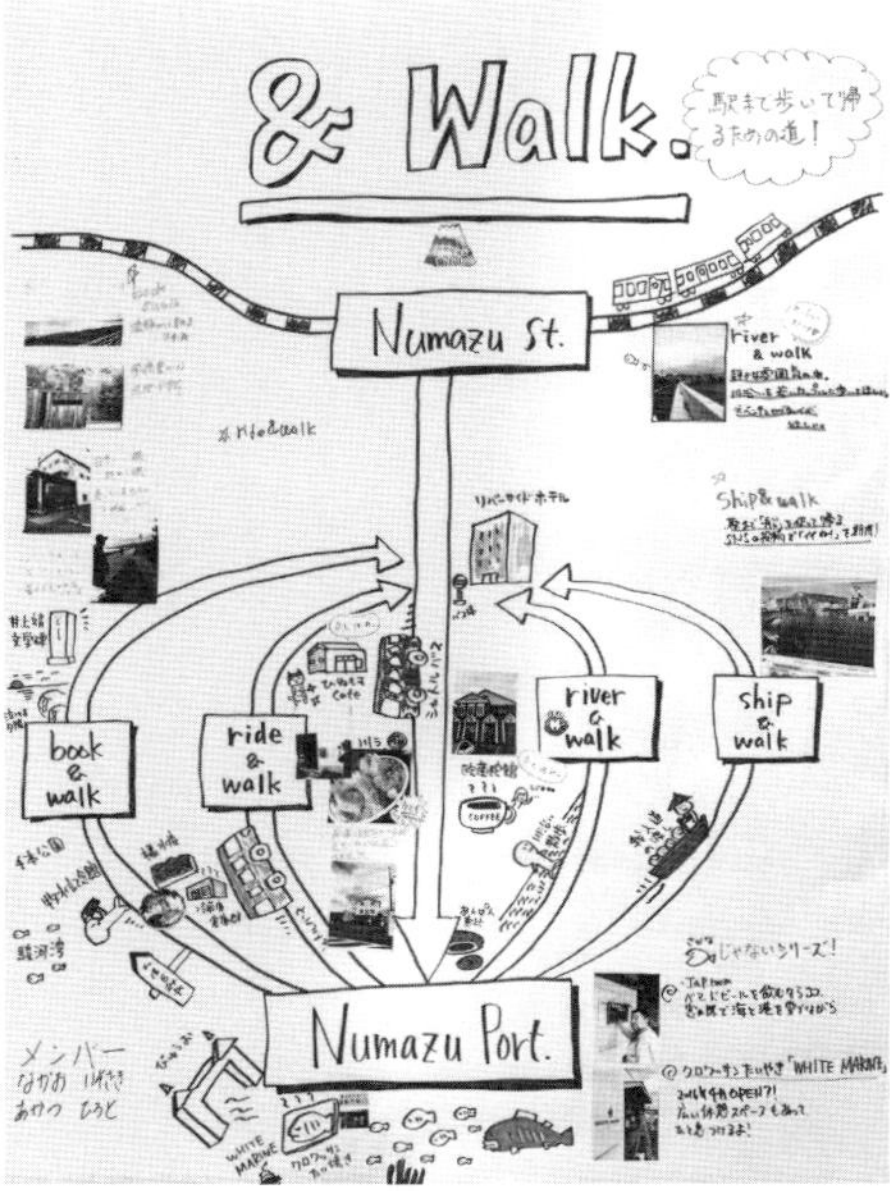

静岡県沼津市のワークショップ事例（2016年10月）

山形県遊佐町のワークショップ事例（2017年10月）

左の手書き地図は、山形県遊佐町の手書き地図です。昭和30年代の街並みを再現した地図ですが、いまでもその面影を残している家をマーカーで目立たせたり、余白の吹き出しでは当時の間取りや装飾など家の造りに焦点を当てた詳細解説を加えたりするなど、情報にメリハリをつけています。

ステップ5 テーマを「正式タイトル」にしよう

地図が仕上がったら、最後に正式な地図のタイトルをつけましょう。タイトルの付け方のコツは、誰に見てほしいのか、どんな視点で地図をつくったのかを表現することです。方言などを織り交ぜてタイトルにするのも、そのまちらしさが出ていいですね。131ページで紹介するのは過去にワークショップで作成した地図タイトルの一例です。

ステップ6 人（ほかのグループ）に見せてみよう

タイトルを大きく書き込んだ後は、完成した地図をほかの人に見せてみましょう。

われわれ手書き地図推進委員会のワークショップは、必ず最後に、制作したチームごとの発表タイムを設けます。地図のテーマを決めた経緯や取材のポイント、見どころなどを各チームが発表します。地図を書いて終わりではなく、発表するところまでが手書き地図ワークショップだと思ってください。

発表タイムは、自分の住んでいるまちなのにしっかりと魅力を伝えることができない自分に気づくことができる時間です。

その1：

弘明寺「笑」店街MAP　神奈川県横浜市

大岡小学校6年2組の児童の手書き地図。商店街のお店の方に取材をしているときに気がついたお店の人たちの優しい「笑顔」。弘明寺商店街の楽しさをまちに住む大人たちに知ってもらいたいという想いで地図のタイトルを決定。ちなみにMAPは「(M)まちを(A)あいする(P)ピープル」とのこと

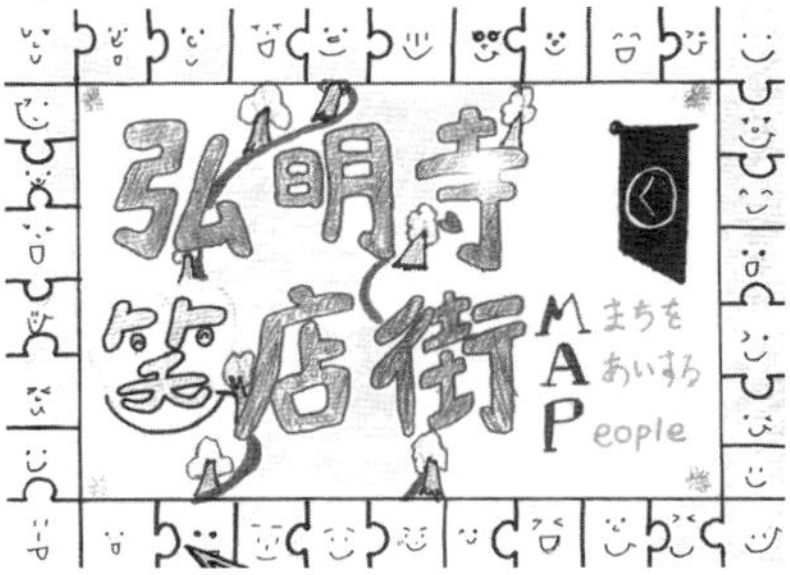

その2：

ここちよい街　稲城マップ　東京都稲城市

都心まで30分の稲城市は、ほどよい田舎と都会が入り混じるまち。そんなまちに住む人たちが自慢に思う、稲城市の住み心地を表すタイトルとなった（イラスト：手書き地図公式作家・江村康子研究員）

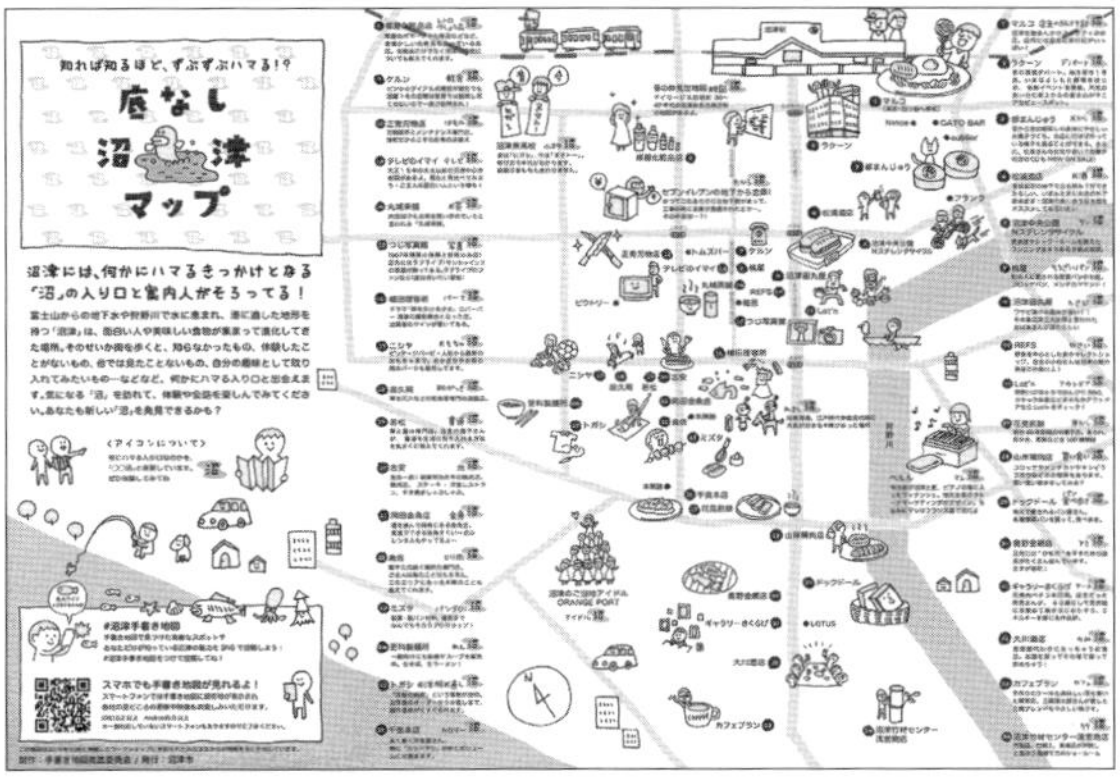

その3：

知れば知るほど、ずぶずぶハマる底なし沼津マップ

静岡県沼津市

フィールドワークでまちを歩いてみると、知らなかったものや体験したことがないもの、ハマりやすそうな趣味のお店がたくさんあることに気がつき、その魅力を沼津という地名と掛け合わせたタイトルに（イラスト：手書き地図公式作家・中尾仁士研究員）

「大人が自分たちの町の魅力を伝えられずに、どうやって子どもたちが町を好きになれるのか？」長野県立科町で行った手書き地図ワークショップは、そんな課題意識から開催された経緯があります。もっと詳しく知りたい、知らなかった場所に行ってみたい、などと今まで知らなかった新たなまちの魅力に気づくことができます。できあがった地図を片手に実際にまちを歩いてみて、情報を付け足したり新たな発見を加えたりすると、より完成度の高い手書き地図になります。

さて、次から紹介するのは、地図づくり（マップメイク）の参考としてぜひ紹介したい４事例です。

自の分たちで書き上げた手書き地図のプレゼンテーションの様子。いつのまにか熱く自分たちのまちについて魅力を語ってしまいます

手書き地図のタイトルの付け方のコツ

誰かに地図を渡すときに自分なら
どんな言葉を添えて渡すか？
その言葉からタイトルを導いてみる

印象に残ったワードを書き出して
タイトルにしてみる

ダジャレやギャグも大歓迎

手書き地図発表タイムで伝えたい4つのポイント

取り上げたエリアの範囲は？

どうしてこのテーマに決定したのか？

誰に見てほしい地図なのか？

普段見ているモノが、
どう違って見えたのか？

地図づくりのコツ その1

エリアの〝隙間〟に注目して範囲を決める

手書き地図づくりの現場は、時間との戦いでもあります（大袈裟に聞こえますが、本当にそうなんです！）。ステップ1から6までを半日でやりきろうと思ったら、あっという間に時間は過ぎていきます。それでもこの6ステップをおさえておけば、まちの魅力はちゃーんと地図になるし、気がつけばあなたも案内人レベルになっていることでしょう。

参考になる事例としてまずご紹介するのは、ステップ1「地図の範囲の決め方」が秀逸な神奈川県伊勢原市の地図づくり。駅と観光地の〝間〟にある地域に注目して、途中下車や立ち寄り旅を提案する手書き地図を目指しました。そして、できあがったのは「高さ」と「年」に注目してまちをきった2つの地図でした。

CASE STUDY

神奈川県伊勢原市／ウワサで巡る！よりみち伊勢原MAP〜大山ふもと編

市最強の人気スポット「大山」。その麓に人を呼びたい！

その地元で大人気の観光スポット。放っておいても人がくる。じゃんじゃん、じゃんじゃん、やって来る。それはそれで嬉しいことだけど、じつはその周辺にも見どころがたくさんあって、こっちにも立ち寄ってほしいんだよなぁ——これ、あちこちの地域でよく耳にする話。例えばここ伊勢原市では、知名度もコンテンツも歴史も群を抜いた観光名所として、大山《おおやま》とその中腹にある阿夫利神社《あふりじんじゃ》というトップランナーが独走しています。自然と文化に触れながら神社に参拝するだけでも楽しいし、絶景登山もできちゃうし、神奈川県下でもトップクラスの人気スポットとしてよく知られています。ぼく（低山トラベラーでもある大内）も登山で何度も訪れていて、大好きな山なんですよね。大山の中腹に鎮座する阿夫利神社の境内に来ると、神奈川の広い町並みと相模湾が一望できて、老若男女のだれもが感嘆の声を上げています。遠く正面に浮かぶ小さな島は江ノ島。江戸のころ、大山は男性神だから江ノ島の女性神（弁天さま）もお詣りしないと片詣りになっちまう！と、江戸っ子たちがスルーできない島でした。大山からは江ノ島が、江ノ島からは大山が、お互いはっきり見える位置関係と距離感。この間を「田村通り大山道」という古い街道が通っていて、ずいぶんな賑わいがあったといいます。

それで、大山を訪れる人のほとんどが公共交通機関や自家

大山阿夫利神社は「雨降」とも呼ばれる雨乞いの信仰がある

用車でまっしぐらに大山を目指すので、その狭間の地域を〝飛ばして〟しまう傾向があるわけです。これ、観光課題あるあるある、ですよね。そこで、山の麓に広がるいくつかの〝狭間地域〟にも目を向けてもらおうと、大山の〝寄り道〟を推進する地元のみなさんと、寄り道しまくってきたわけです。

手書き地図はつくり手からの「メッセージ」。「高さ」と「年」に注目してまちをきる！

ここに来る人たちに麓で寄り道をしてもらうには、まず地域の魅力をどうにか伝える必要があります。そこで、ガイドブックには載らない掘り出し情報を手書き地図で知ってもらおうというわけ。普段は目にも留まらない隠れた魅力だからこそ、地図を手にした人へのメッセージがはっきりしているって、かなり大事なこと。第1章で座談会が重要とお伝えしたのも、「テーマ」次第で地図はいくらでも面白いものになるからでした。主役は「そこに暮らす人」で、地元のみなさんが個人的な思い出話をどんどんさらけ出して、われわれ委員会や外の目線を持つメンバーが、そこに隠れた個性に気づき、発見する。今回は2つの個性を筋立てました。

大山ふもとMAP

人工物も食べ物も、
様々なモノの「高さ」に注目して、
大山の麓のウワサをきる！

伊勢原まちなかMAP

お店や施設などの発祥、創立、
開店といった「開始年」に注目して、
まちなかの地域史をきる！

座談会でネタをたっぷり引き出して、フィールドワークに出発。地域の物語を地図にあぶり出す作業のはじまりはじまり。伊勢原の象徴の1つでもある大山阿夫利神社は歴史ある古社。雨を降らせて実りをもたらす大山祇大神《おおやまつみのおおかみ》とともに、大雷神《おおいかづちのかみ》と高龗神《たかおかみのかみ》という水の神さまを祀っています。それゆえ

積極的にリサーチ。これもワークショップ効果！

出るわ出るわ、暮らしの中のウワサや思い出話の数々

座談会で盛り上がった参加者たちの日常の話は、外の人間にとっては非日常の「宝物」

に「雨降山《あふりやま》」とも呼ばれていて、その実りのご利益を求めて参拝に訪れる人が後を絶ちません。ケーブルカーが通っていることも、気軽に訪れる人が絶えない理由の1つでしょう。特に新緑と紅葉のシーズンは観光客とともにハイカーもわんさか訪れ、大変な賑わい。そんな、東京や神奈川の都会生活から離れて、自然の中でリフレッシュしたいという週末トラベラーたちを、おいそれと都会に帰していたなんてもったいない！

江戸時代より人々を虜にしてきたその大山に対して、ふもとの地域とまち歩き取材で発見した地図ネタの中には、座談会でも挙がらなかったものもいくつか。例えば、観光客にはあまり知られていませんが、伊勢原市と姉妹都市の長野県茅野市から贈られた「御柱」があることや、伊豆が北限だと言われている「梛木《なぎ》」が子易《こやす》明神にもあることなどなど。実際にその場にある案内板を見ることによって気づいたという、貴重な収穫ともなりました。

大山のふもとを歩き、実際に目で確かめてネタ収集

老若男女が一緒になってオンリーワンな地図づくり

そしていよいよ、老若男女が一緒になって、1枚の模造紙にガンガン書く時間のスタートです。これ、本当にあっという間なんですよね。参加者それぞれの思い出がたくさん集まると、それが地図の上で地域全体の物語となって可視化されていくのです。つまり、地元目線の「地域の魅力の結晶」というわけ。しかも、その場、その瞬間、そこにいる人のハーモニーが何よりの隠し味、となり、同じものはもう二度とつくれません。

印象的だったのは「あれなんでしたっけ？」などと言いながら、一緒に歩いた道を思い出して書く人が多かったこと。それだけネタが多かったということでしょう。すると、さっとスマートフォンを取り出して「この場所のことですよね？」と写真を見せる人が出てきたり。いいですね、こういうチームワーク。初めまして同士のワークショップでも、一緒に外に出かけると、なぜだか仲良くなれるんです。ひとりで黙々と作業に集中するのもいいですが、せっかくのグループワークですから、お互いが補い合って進めていくと、充実感もずいぶんと変わってくるはず。われわれはファシリテーターとして、そうした雰囲気をつくりあげていくことに気を配っています。

今回は、2つのグループに分かれて2種類の地図をつくりました。いずれも「大山ふもとMAP」という共通の見出しではあるものの、片や横書きで「範囲の内側」にフォーカスして、地区感を演出している地図。もう一方は縦書きで「範囲の外側」に大山を配置することで、よりふもと感を際立たせていています。同じ場所の地図をつくっていても、グループが違えば、思い出も、感じ方も、見聞きしている視点も、そして表現の仕方も、まったく異なる。これってすごく面白いし、その〝違い〟こそが大切な宝物だと思うのです。

▶自分の足で稼いだ情報を書き込む快感たるや!

▲世代も性別も越えて交わって、みんなで編む時間

▼スマートフォンに記録しておいた取材情報を真剣に手書き!

さあ、見てください、こんなステキでカオスな地図ができあがりましたよ

こういう〝違い〟をどんどん楽しみながら受け入れて、自分の暮らす地域の引き出しを大きくしていく。するとどうでしょう、できあがった手書き地図だけが宝物なのではなくて、同じ地域に暮らす人たちが交わるこの機会そのものが大切な宝物だとは思いませんか？ 言い過ぎでしょうか（笑）？

できあがった地図を見せ合いっこして、ここまでの振り返りを楽しむ時間。複数の地図をつくると、再発見や新事実が出てくるかも?!

発表と共有の様子

完成した地図がこちら！（表面）
（イラスト：手書き地図公式作家・naohiga研究員）

ワークショップでつくった地図が〝原稿〟になる！

ワークショップで完成した〝ライブ感〟あふれる模造紙の手書き地図は、何よりの宝物です。この宝物をもうワンステップ進化させて活用することもあります。というのは、地域によってはこの模造紙を預かって、「手書き地図作家」とぼくらが敬意を表するプロのイラストレーターさんに、イラストマップとして仕上げてもらうケースがあるのです。もちろん、取材情報はそのままに。おかげさまで、できあがったこの「大山ふもとMAP」は大人気で、増刷するたびに瞬殺でなくなるそう。もし大山で見つけたら、ためらわずにもらってくださいね。そして、この地図片手に〝寄り道〟も楽しんでくれたら泣いて喜びます！

あ、そうそう、余談ですが。このプロジェクト、実は今も進行中で、ほか

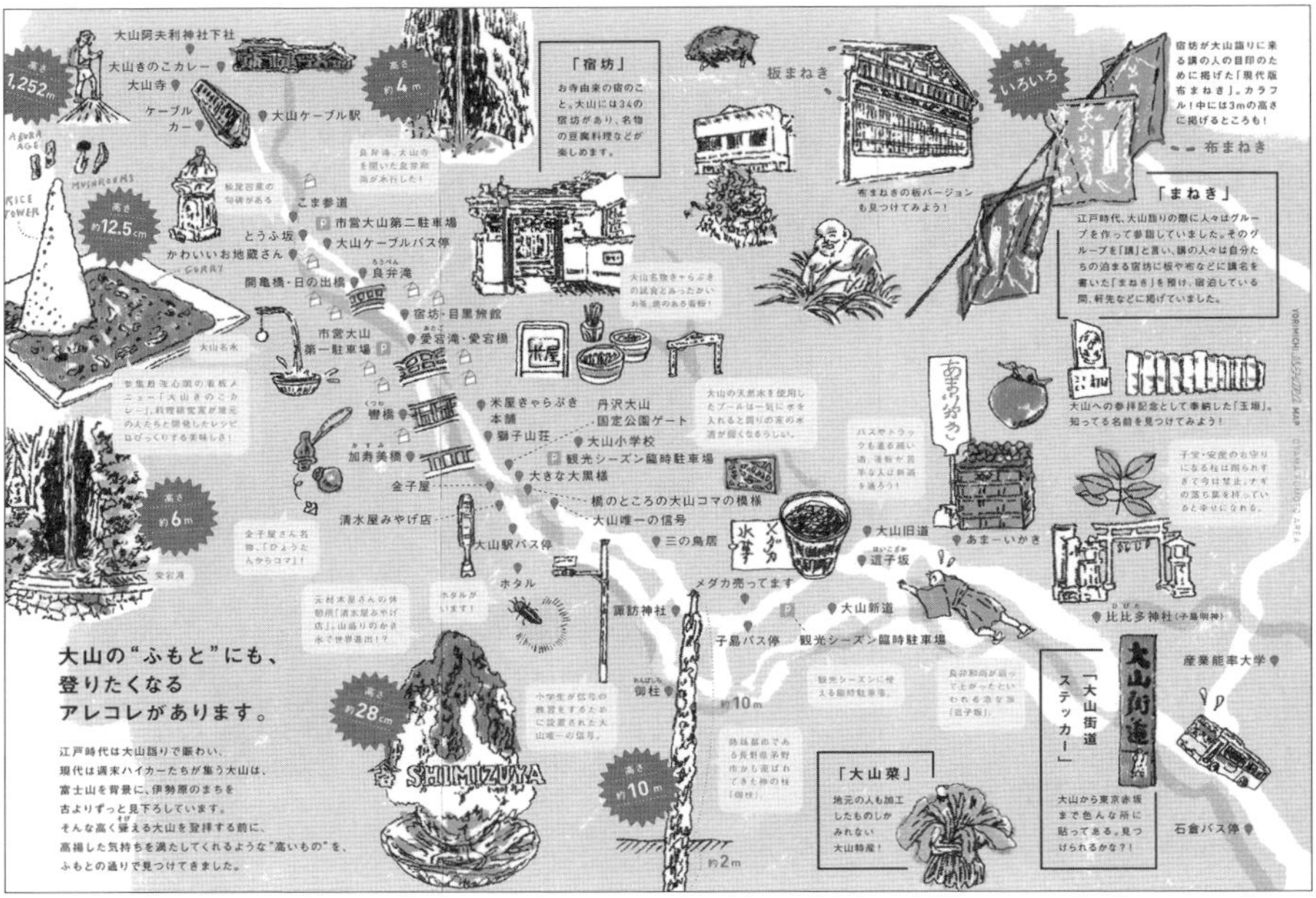

ワークショップの成果は裏面にびっしりと（イラスト：手書き地図公式作家・naohiga研究員）

に3つの地域の手書き地図をつくっています。1つは「伊勢原まちなかMAP」で、これはすでに完成しました。残るは日向地区、そして比々多地区です。この本が出る2019年8月ごろには、日向地区のMAPは完成し、配布されている予定です。伊勢原市で見かけたら、ぜひ手に取ってみてください。

われわれもこうしてシリーズでつくっていくのが、とても楽しいんです。ある意味、手書き地図推進委員会が一番楽しませてもらっているのかもしれません。

大山の宿坊は、登山客にも宿坊初心者にもおすすめ。カラフルな布まねきが門に掲げられているだけで旅気分が高まる！

地図づくりのコツ　その2

遠慮は無用！
あなたの日常は誰かの非日常

ここまできてようやく、手を動かして地図をつくるというワークがどんなものかを、皆さんに共有できたと思います。とはいってもまだ、「有名な観光地なんて1つもないのに、どうすれば地図を面白く書けるんだ……」と不安になっていませんか？　そんな方に紹介したいのが、「ここちよい街　稲城マップ」です。

CASE STUDY

東京都稲城市／ここちよい街 稲城マップ

住み心地を徹底解剖した手書き地図

梨園やぶどう園、緑地公園。都心に近いけど大自然！

今回紹介する地図の依頼主は、大手不動産ディベロッパー。野村不動産株式会社が稲城市で地域密着型ショッピングモールや分譲戸建物件を開発するにあたって、この地域の魅力を発見して、それをこれから住む人たちにも伝えたいと、手書き地図推進委員会に相談がありました。

当日は、この地域に長年暮らしている老夫婦と、若いご夫妻の2組に集まっていただき、お菓子を食べながら、稲城のよさについて意見を出していきます。

最初は「当たり前のことなんだけどなぁ」「この辺では普通のことだけど」「みんな知っている話だけど」という感じでした。これといった観光地はなくても、やはり、都心へのアクセスがよいわりに、ほどよく田舎なのが最大のアピールポイント……と話が進んだのですが、聞いていくと、われわれも想像していなかった個性的なまちの日常が見えてきます。やはり「あなたの日常は誰かの非日常」。地元の参加者にとっては日常でも、運営側にとっては非日常のお話です。

なかでも一番驚いたのは、実は果物の生産が多い稲城では、なんとご家庭ごとに「マイ果樹園」が決まっていること！ 自分のお気に入りの果樹園があり、梨やぶどうをそこから購入するというお話は、「アクセスがいいのにほどよく田舎」だからこその豊かなエピソードです。

また、スポーツをする人が多く人口の割にテニスコートが多いという話から、テニスラケットのガットを張る名人のお店がある！という話も。稲城に住むとどんなライフスタイルが描けるのかをイメージできるお話が、どんどん出てきました。このようなエピソードが出てくるというのは、それだけスポーツを楽し

みんなで出したネタを付箋に書き出し、写真を貼り、絵を描いたものがこの模造紙。
絵のクオリティよりも、参加者で盛り上がった稲城のユニークさが伝わることが大事！

んでいる方がいるということの証拠ですものね。

このように、お酒買うなら、焼肉行くなら、お蕎麦食べるなら、スポーツするなら……と生活が豊かになる地図スポットが次から次へと具体的に出てきます。なかには、本当は教えたくないんだけどね……という秘密の情報も。

模造紙では、地域のユニークさを伝えることが優先

こうやって出てきた情報は、どんどん付箋にメモしていきます。オススメである理由やエピソードなどもメモするのを忘れずに。メモをするなかで、「面白さ」や「ユニークさ」を参加者みんなで共有できるように、文字でわかりづらいものなどは、絵を描いたり、その場所の写真や画像をプリントアウトして貼ったりすると効果的です。模造紙の写真にも、「大丸公園で桜吹雪の中にテニスをする人の絵」や「ガット張りの名人の方の写真」などが確認できると思います。手書き地図推進委員会では、フィールドワーク時にスマホで撮った写真をプリントアウトできるようにワークショップ用にプリンターを導入したところ、模造紙に成果物をまとめるときの効率も上がり、発表内容もより伝わるようになり大正解でした。

ワークショップ後、模造紙から配布用に作成した「ここちよい街稲城マップ」。稲城に住む２組の夫婦の口コミ情報をまとめたものですが、住んだらどんな生活を送れるのかイメージさせてくれますよね（イラスト：手書き地図公式作家・江村康子研究員）

「稲城ではオオムラサキ（蝶）がいるらしい」というウワサは、裏取りまではできませんでしたが、自然が豊かであるということを一言で伝える情報なので「らしい」という表現は残したまま採用しました。地域には諸説ありの言い伝えや、裏取りができていない「まちのウワサ」もその地域を彩る大事な情報です。こういったまちのウワサは、「諸説あり」と表記したり、「らしい」と明記した上で、どんどん活用してみてはいかがでしょうか？

この模造紙を経て、イラスト化したのが、左の地図です。

いかがでしょう？　分譲住宅やマンションのチラシやパンフレットで、「住みやすいまち」と表現されるよりも、この地図のスポットを眺めることで、このエリアに住むことでどんな生活が始められるのかをイメージできるのではないでしょうか？　それも手書き地図の力です。

家庭ごとにお気に入りの「マイ果樹園」があるというエピソードや、本当は教えたくない農家さん直売トマトの話などは、「あなたの日常は誰かの非日常」の例

地図づくりのコツ その3

団結力を競い合う〝真剣なオトナの遊び〟

面白い手書き地図をつくるためには、「画力」ではなく「思い切り」や「メリハリ」が大事。でもグループワークでつくると、せっかく思いついた視点やアイデアもぼやけてしまったり採用されなかったりしちゃう気が……。

1人でつくるより大変そうだなあ、なんて思っていませんか？ ここでは、みんなでテーマを決めるコツと、グループワークの魅力を知ってもらうために、社員研修に手書き地図ワークショップを取り入れた株式会社コトブキタウンスケープサービスの取り組みをご紹介します。

CASE STUDY

社員のカラーが丸裸！
個性が活きるグループワーク

東京都港区浜松町／企業の社員研修で生まれた4つの手書き地図

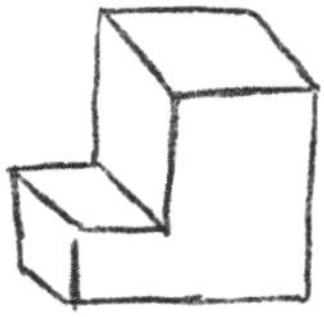

「手書き地図ワークショップ」が企業にもたらすもの

自治体との協業が多い手書き地図推進委員会ですが、企業研修にワークショップを取り入れていただいた事例もあります。いつもの手書き地図ワークショップとやり方は変わらないのですが、その狙いはやや異なり、ワークショップ中もまた違った雰囲気になります。さっそく考察していきましょう。

株式会社コトブキは、１９１６年の創業から公園遊具やベンチなど公共空間における「人とまち」のあり方を提案してきた企業です。その事業領域のなかでも、観光客の増加に伴って注目されているのが、今回ワークショップをご一緒した「サイン」事業。日ごろ何気なく目にしている屋外サインですが、初めてその土地を訪れた人にとって、目的地までの道のりを教えてくれる心強い案内役であり、地図と同様に〝方角〟や〝距離感〟を適切に表した道標でもあります。まさか、目に見えないウワサやエピソード、そして〝偏愛〟を大切にする委員会の哲学とは真逆の「正確」「公正」なサイン事業を行っている歴史ある会社から社員研修の依頼が来るとは。

会社の未来に思いを馳せる「手書き地図ワークショップ」

同社がワークショップを依頼したねらいは、自社の事業領域

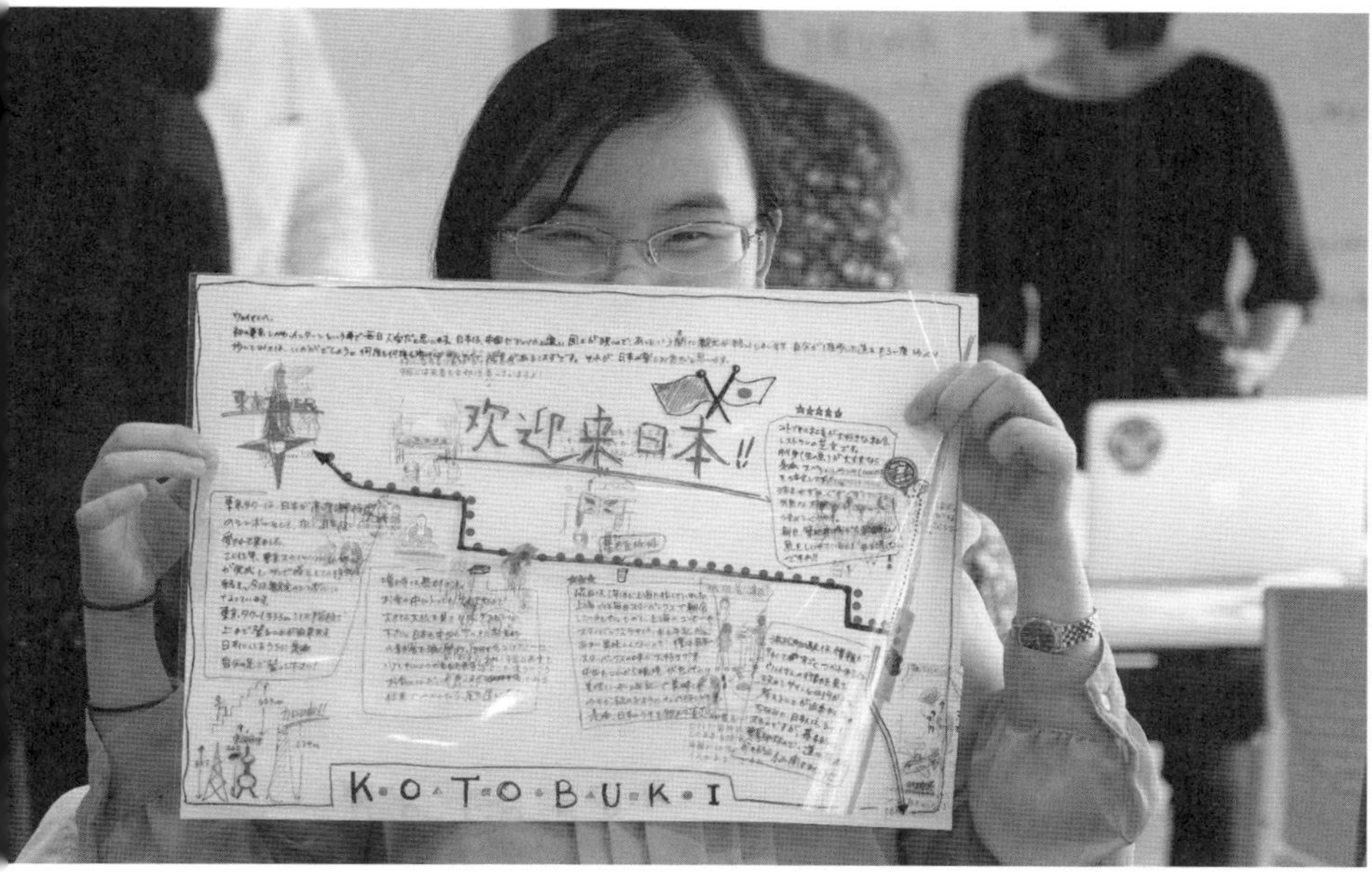

海外からの研修生にも大好評だった手書き地図

である「サイン」について、例えば〝正確性〟や〝公共性〟といった企業として大切にしているスタンスからちょっと離れてみることで、この事業の未来について仲間とともに考えてみたい、ということでした。

手書き地図をつくること自体が目的ではなく、その思案のきっかけとして位置づけているわけです。この取り組みを推進する株式会社コトブキタウンスケープサービスの執行役員・椛田泰行さんは続けます。

「デスクの上で、サイン事業を発展させるテクノロジーにばかり目を向けるのではなく、時にはまちに出て、この事業が誰の・なにに・どんな風に役に立つのか。そういうことを常に考えなければならないと思っています」

つまり、会社の仲間たちと同じ目標を持ってまちに飛び出す好機と捉え、この手書き地図のワークショップをうまく取り入れたい、というわけです。勤務中に社員が〝全力で、真剣に遊ぶ〟ワークショップにしたいと

普段の仕事では組まない人同士でチームを結成

椛田さんが笑って話してくれたとおり、創意工夫と成果への追及心が試された〝真剣な遊び〟となりました。

座談会を終え、今回の対象地で会社の所在地でもある浜松町に取材に飛び出します。まずは普段見落としている「隠れた目印」を拾うトレーニングです。まちなかで看板や地図とにらめっこする外国人や道に迷う人の特徴を観察したり、地域住民とコミュニケーションをとったりと、サイン事業のフィールドワークとしても有効性を感じたといいます。

地図づくりを熱くする、仲間同士の相互理解とグループごとの競争意識

そして取材で集めたネタを持ち寄って地図づくりがスタート。今回は、Ａ３サイズのミニ手書き地図を自由な発想でつくってもらいました。

４人ずつ４グループに分かれ、それぞれのグループでつくり込みを開始します。日ごろ、それぞれ別の持ち場でルーティンワークを黙々とこなしているほかの部署の人たち。実はよく知らなかったあの人のキャラクターや特技などを知ったからか、笑顔になる瞬間があちこちでたくさん生まれています。その反動からか、皆率先して手を動かしながら創造的に議論をスタート。素材をつくって切り貼りするグループがあれば、クリアファイルを用いてなにやら表示テストをするグループがあったり、ひたすら書き込み続けるグループがあったり。そうしてできあがった個性豊かな４つの地図がこちらです。

実はよく知らなかった社員同士が相互理解を深めるきっかけにも

お互いの専門領域の知識を持ち寄って地図づくり

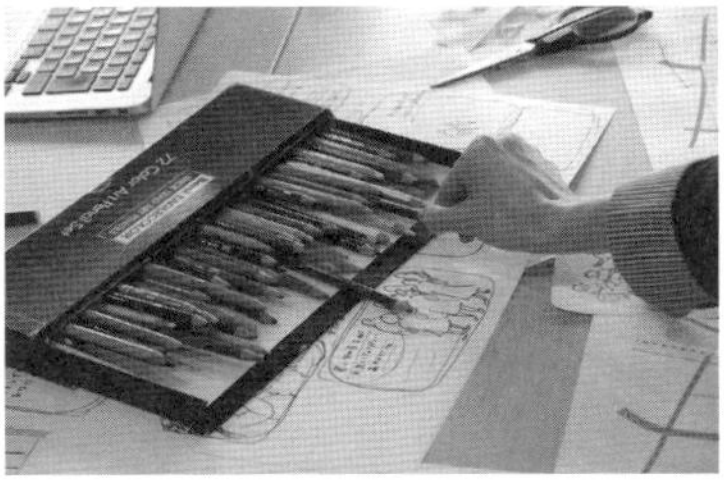
カラーペンを使うとにぎやかな地図になりますね！

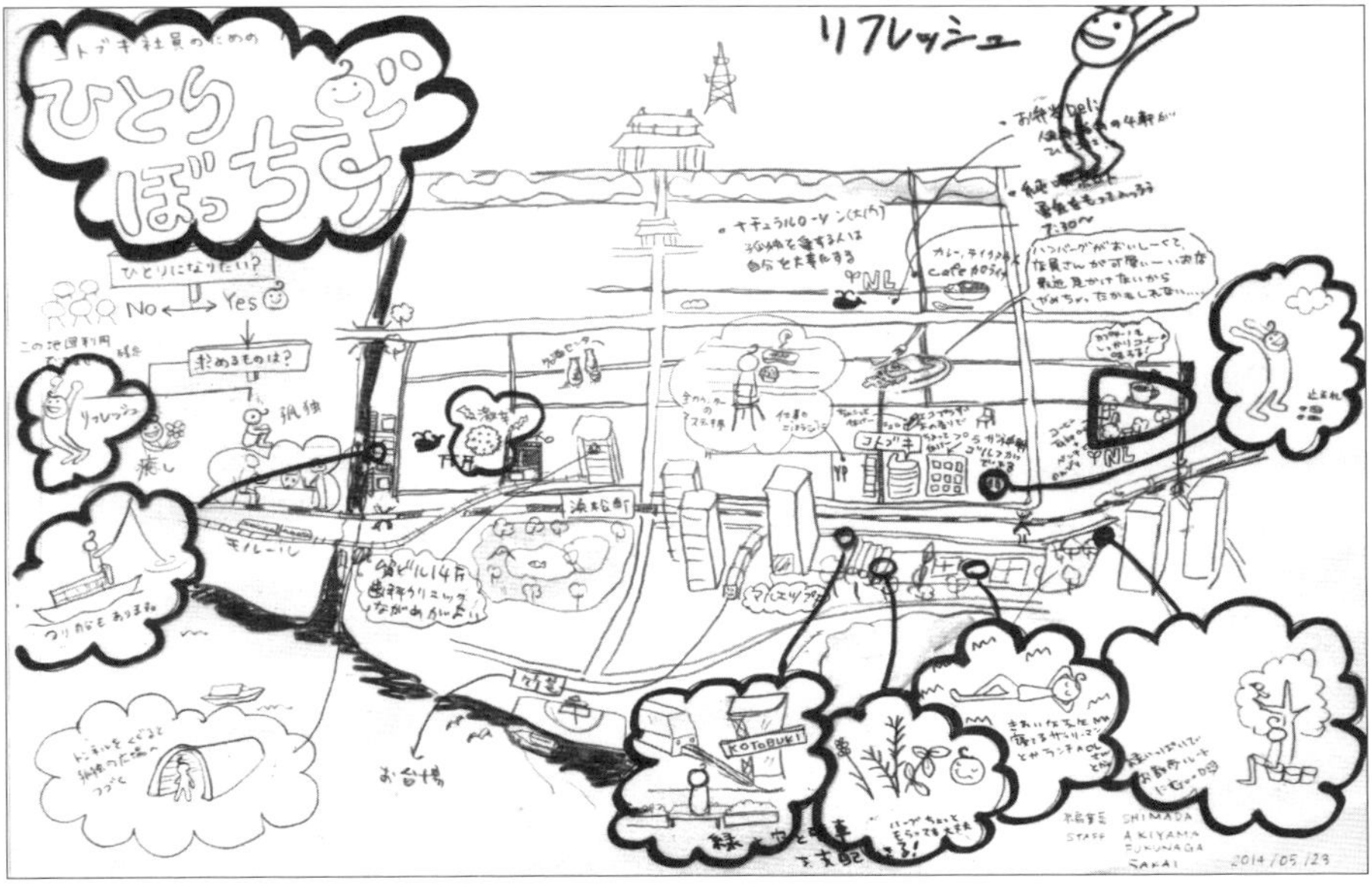

主張したいポイントは吹き出しを使って目立たせる！

浜松町を独りで味わい尽くすことをテーマにした「ひとりぼっちず」

仕事の合間の息抜きスポットやおすすめランチスポット、そしてまちブラを〝独りで〟楽しめるコースをガイドしてくれる地図。手にした人をくすりと笑わせるセンスが光るコメントとともに、クリアファイルのレイヤーでテーマ別に地図を見せる工夫をしているところも面白い。そっか、さっき表示テストしていたのは、これだったわけですね。

この地図は吹き出しの使い方が特徴的で、とても目立っています。一見、地図のスペースを占めてしまって無駄に感じてしまう大きさですが、むしろきれいにレイアウトして整理しすぎるより、これくらい豪快な方が手書き地図らしさが出るし、なにより「目立たせたい」ものが何なのかがよくわかって、好感が持てます。

こちらも吹き出しとイラストの使い方が効果的

人を通して地図を描く！から出発した「ココロの処方箋マップ」

サプリメントを模した〝効能〟別に、浜松町のオススメスポットと、そこで織りなされる様々な人間模様を紹介する地図です。

見てのとおり、大きな「挿し絵」を効果的に使って、情報にメリハリをつけていますね。このチームは「ストレス」という視点を全員で握り合ってまちに繰り出していました。明確な視点をもって取材に臨めば、その後の地図づくりでも伝えたい魅力をしっかり絞り込むことができます。また、コメントも真面目すぎずに皆うまく力を抜くことができていて、グループの和やかな雰囲気が伝わってきます。こうしたグループ感は、1人でつくる地図ではなかなか出せません。グループメンバーの人柄やグループの興味関心のツボがフィットしたことが垣間見れるところに、手書き地図ならではの〝属人感〟が滲み出てくるのです。

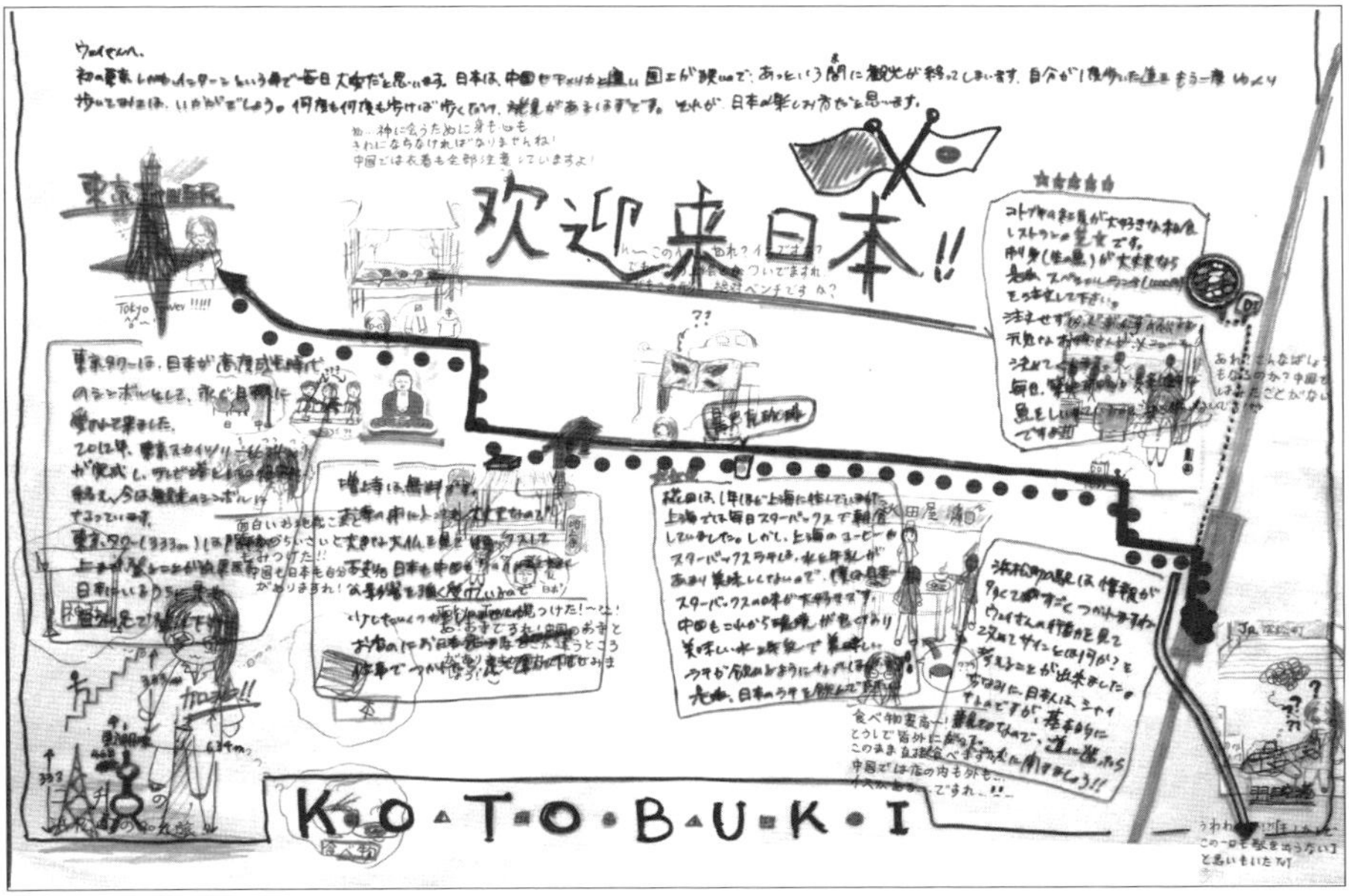

ウンチクや説明も、ついつい読んでしまう……

海外の人たちに向けた地図「ハママツチョーマップ」

グループメンバーの海外インターン生・ウェイさんが案内人となってつくられた地図。来日3日目の外国人目線で感じた〝ニッポン・ハママツチョー〟の印象が面白い。

ウェイさんいわく、喫煙所が指定されていることや、お寺の拝観が無料だということ、路上で立ち食いをする光景など、日本人が普段当たり前に思っていることも、中国では見られない〝驚きの光景〟だったようです。

さらに面白いのが、クリアファイルを重ねると、同僚たちから〝ニッポンを楽しむためのアドバイス〟も楽しめる構造になっているところ。書きたいことがいくつかあるときは吹き出しを使うのも有効ですが、2層の地図で対話させるなんて、粋な計らいですね！

「東京ベスポジマップ フロム 浜松町」

こちらは、浜松町のランドマークである「東京タワー」がよく見えるベストポジションを、メンバー4人が総力取材してつくった地図です。あの短時間にこれだけの取材をこなせたのは、まさにグループワークの賜物。選択と集中、と言いますが、「これだ！」というテーマが見つかったら、調査をする範囲は絞られて具体的になりますからね。

　そして、注目してもらいたいのはなんといっても「タワーの見え度合を表現したアイコン」です。手書き地図ならではの創意工夫と温かさが地図の雰囲気をぐっと味わい深いものにしています。建物や道路、コンパスの〝歪み〟も味わい深く、ゆるさがたまりません。手書き地図は、かっこよく書くよりも、目立たせたいものを素直に大きく書いたり、デザインしすぎず整えすぎなかったりするほうが、思い切りが出て印象的に仕上がるのです。

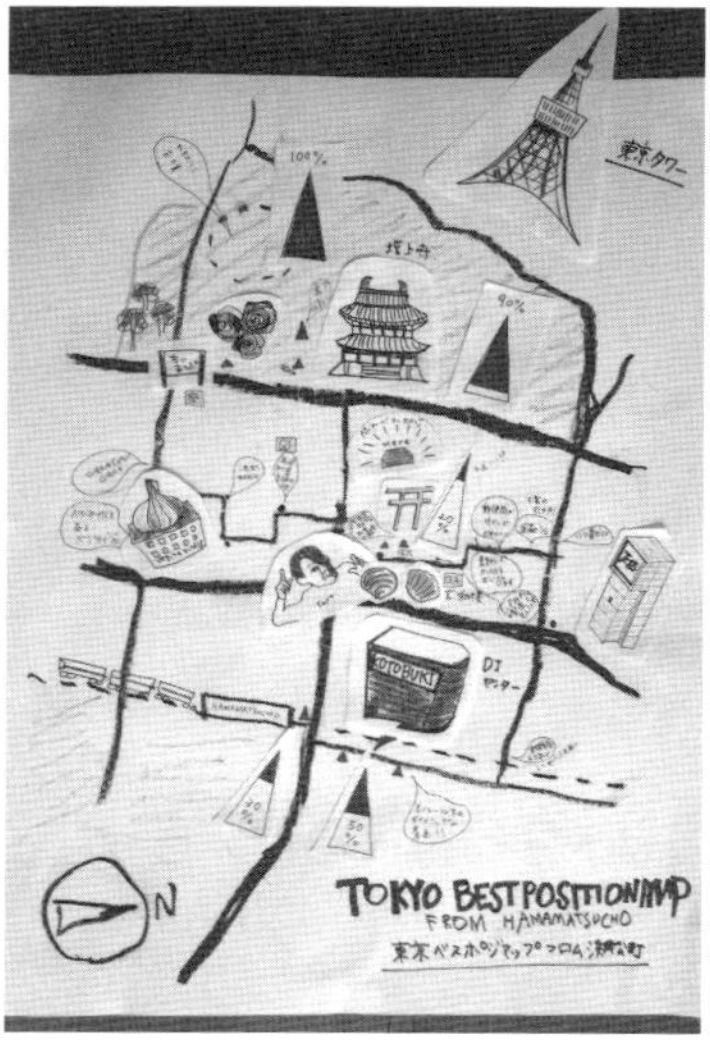

文字が少なくてもイラストと記号で端的に伝える工夫が◎

　真剣に遊ぶ彼らからは、進行役のわれわれにもその集中度合がビリビリ伝わってくるほど。短い時間のなかでも、全員が同じ目的に向かってつくっていたのがとても印象的でした。このような場があれば、日ごろの業務でなかなか接点のないほかの部署の人とチームを組むことによって、自然と相手の個性や頼もしさに気づく機会になります。メンバーの趣味や好きなものといった〝キャラクター〟を知ることも、地図のテーマ決めで大いに役立ったことでしょう。また、グループごとの競争意識があることで団結力は強まり、表現はより豊かになります。

　真剣に遊んで、大いに笑って楽しんでいた参加者たち。普段の職場、浜松町の新たな魅力はもちろん、仕事の顔とはまた違った同僚たちの魅力を知る機会になったことは間違いなさそうです。ぼくらももっと〝遊ばなきゃ〟ならないなぁ。

地図づくりのコツ　その4

地図に込める地域へのメッセージ

地図づくりワークショップの最後を飾るのがプレゼンテーション。ここでは岡山でそれぞれ違った位置づけで3つの手書き地図をつくった「グッド・オカヤマ・プロジェクト」の取り組みをご紹介します。

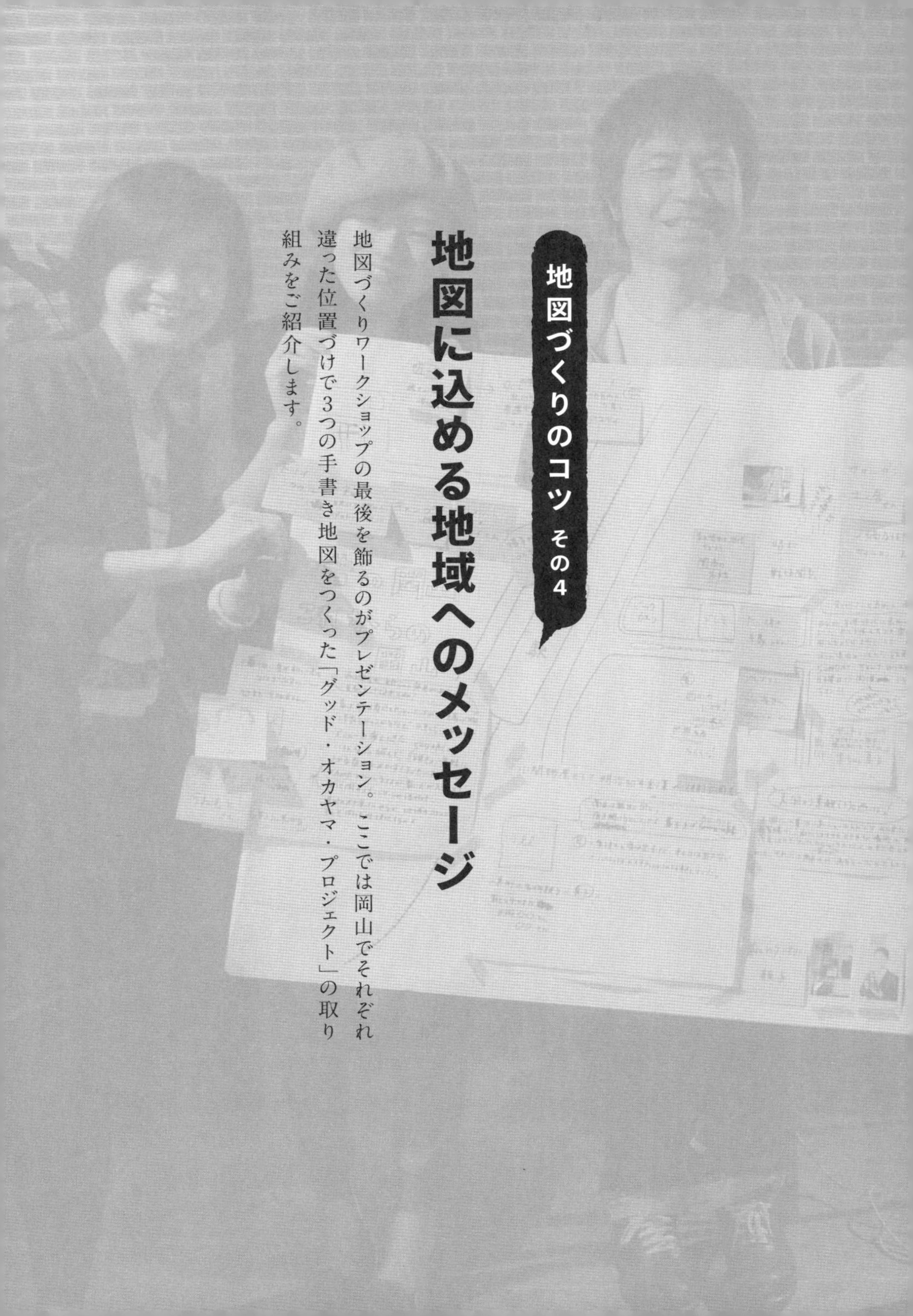

CASE STUDY

岡山県岡山市／「グッド・オカヤマ・プロジェクト」と3つの手書き地図

読み手だって十人十色。まちに届ける3つのビジョン

同じ場所も、テーマでこんなに違う！まちの開発と歴史を重ね合わせよう

岡山県岡山市では、まちを舞台に文化の力で岡山を元気にしていくグッド・オカヤマ・プロジェクト委員会からの依頼で、3つの切り口で手書き地図を作成しました。

グッド・オカヤマ・プロジェクト委員会は、地元の生産者がつくった食材を使って、まちなかでテーブルを囲み、料理を味わう「ローカル・フード・ヒーロー・プロジェクト」といった文化的市民活動を協働で計画するプロジェクトチーム。ＮＰＯ法人みんなの集落研究所、株式会社いち、イオンモール株式会社の3組織で発足した委員会です。

ワークショップを開催した2014年は、岡山駅前にイオンモール岡山が開店するちょうど前のタイミング。駅の周辺にある商店街も含めた岡山駅周辺の魅力を、来街者にもっと知ってもらいたいとの思いから声がかかった今回のイベント。開催にあたっては、約20名の市民の皆さんとワークショップを行いました。このように人数の多いワークショップでは、アウトプットする地図のテーマを決めて、同じ地域でも異なる切り口の地図をつくることができます。テーマを話し合った結果、次の3つの方向性で地図をつくることになりました。

地図は読み手へのプレゼンテーションそのもの

3つになったのは、まちの魅力を岡山の外の人に発信するだけでなく、自分たちのまちをせっかくだから自分たちも知りたいという気持ちや、まちの中心部ということもありまちの課題を楽しく解決する方法を提案したいという想いも参加者にあったからです。手書き地図推進委員会としても、ソーシャルイシュー型の地図は初めての取り組みでした。ではさっそく、これら3パターンの制作過程と、どんなメッセージを読み手に届けようとしたのか、そのプレゼンテーション意図をたどってみましょう。

1
ストーリーテリング型

まちの人やお店などにまつわる
涙あり笑いありの
ディープなストーリーを
取材して紹介する地図

2
ソーシャルイシュー型

普段感じている
"社会的なんだかなー"（社会的課題）
を解決するユニークな提言を
盛り込んだ理想のまちの地図

3
ビジタープロモーション型

岡山の隠れた魅力を可視化することで、
岡山の中の人はもちろん、
外の人にも楽しんでもらえる
仕掛けの地図

ストーリーテリング型

「3つの商店街の「顔」に聞きました！昔の岡山、これからの岡山MAP」

岡山を代表する3つの商店街（奉還町商店街、岡山駅前商店街、表町商店街）で、長く続いているお店のキーマンにインタビューをして、昔の岡山やこれからの岡山について語ってもらう、というテーマの地図。

まずは、誰に話を聞くのかを話し合い、それから実際にまちに出ました。フィールドワークの時間内では、名物店主とのお話が盛り上がりすぎて2店舗しか回れず、後日チームメンバーでアポイントを取り、お話を伺いました。お話をしてみると、知らなかった店主の人柄やエピソードも紹介したほうが、魅力が伝わりやすいことに気がつきました。それで、過去の岡山がわかるエピソードやキーワード、店主の似顔絵や写真を貼った模造紙を作成。それを基に、メリハリをつけてイラスト化したのが後ほど紹介する手書き地図です。顔が見える手書き地図ですから、岡山に初めて来た人でも「この人に会いにいってみようかな」と思ってもらえたら嬉しいですよね。

また岡山に暮らしている人でも、「昔は旭川（市の中心部を流れる一級河川）にはネッシーがいると言われていた」「戦後には岡山のあちこちから買物客がやってきて、商店街の中をバスが走っていた」など改めてお話を聞いてみると知らなかった話がたくさん出てきます。株式会社いち取締役の河上直美さんも「貴重な機会になった、参加して本当によかった」と話していたのが印象的でした。この手書き地図からは、普段は内に秘めている自分たちの地域への想いを語ったり聞いたりする「機会」としても活用できることがわかります。

フィールドワーク時間内にはお話を伺いきれず、別途時間をとってインタビューを続けて完成させた模造紙

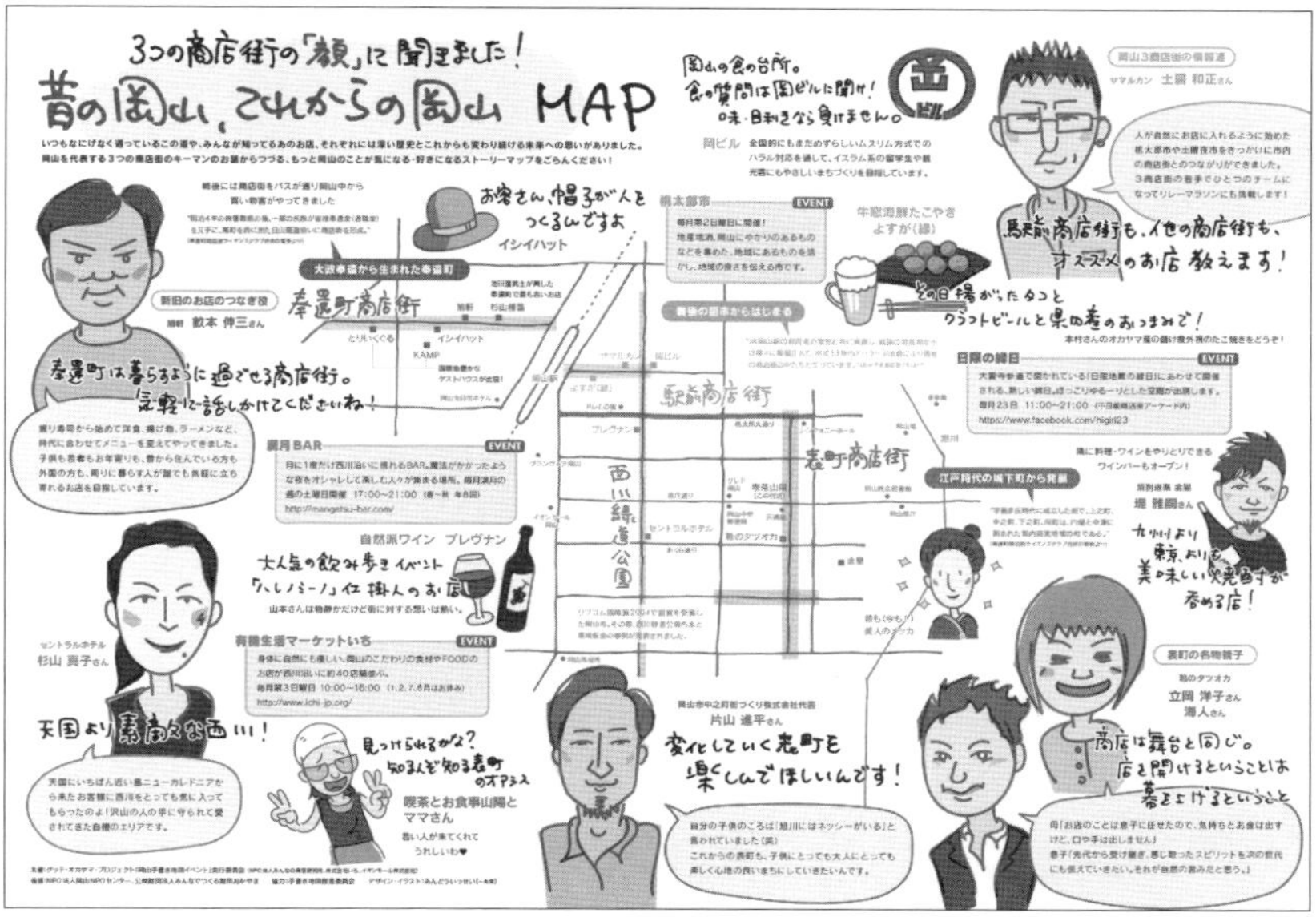

「昔の岡山、これからの岡山MAP」。商店街の顔だけあって昔のことも、これからのことのコメントも愛があふれている（イラスト＆デザイン：あんどういっせい（一生堂））

ソーシャルイシュー型

市民が考えた
まちの課題をエンタテイメントに解決するアイデア集
「OKAYAMA WONDER LAND MAP」

普段生活しているなかで感じる〝まちなかの課題〟。誰かが解決してくれればいいのに、行政がやることでしょ、とつい他人事だと捉えがち。そんな普段は人任せにしてしまうことも、この機会に市民有志が集まって、まちの課題をエンタテイメント感覚で解決するアイデアを考えてみました。

通常の手書き地図づくりワークショップなら、まちのネタを出し、それに基づいてフィールドワークを行うのですが、今回は「ソーシャルイシュー型」ということで、違ったアプローチとなりました。普段、まちなかで困っていることや、「こうだったらいいのに……」と感じることを、参加者が付箋に書き出しました。それらを商店街の課題、自転車の課題、子育ての課題、公共空間での課題……とグルーピング。それを基に、その課題をどう解決したら岡山が「ワンダーランド」という楽しい場所に変わるのかというアイデアを出しました。まちにある課題であっても、楽しく遊べるものに変えていこうというメッセージが伝わるように、明るくＰＯＰなイラストのトーンで表現したのも工夫の1つです。

タイトルにある「ワンダーランド」のワンダーには「自由にのびのび発想する」の意味も込めています。平坦な土地で自転車を使う人が多いエリアだからこそ、自転車に乗るのをもっと便利に楽しくする方法や、商店街を交流する場として遊ぶアイデアなどが詰まっています。まちの課題に対して、楽しんで解決策を考えてみることで、まちの見え方が変わったり、自分たちも主体となってまちに関わろうと思えたりする機会になった手書き地図でした。

発表用の模造紙には、キーワードを中心に説明した。この模造紙以外付箋にはたくさんのアイデアが出されていた

「OKAYAMA WONDER LAND MAP」。地域の課題をポジティブに解決アイデアで紹介するという斬新な手書き地図（イラスト&デザイン：ミヤモトリサ（FRAGMENTS））

ビジタープロモーション型

来街者にも〝暮らすようにまちを愉しんでほしい〟「岡山休日リラックスプランMap」

岡山に遊びに来た人がまち歩きを楽しむためのマップです。カフェでリラックスしたり、買い食いしたり、まちの人とお話ししたり、普段とは違う場所から景色を眺めたり……。クルマに乗らず歩いてまちを巡っていくと、普段では気づかないまちのオモシロさを見つけることができるという視点で書かれています。

「ビジタープロモーション型」チームは、地図の範囲も広いため、2回に分けて座談会とフィールドワークを行いました。1回目は岡山駅の東側である岡山駅前&表町商店街を重点的に。2回目は岡山駅の西側である奉還町商店街で行いました。

まちの中には、本当に多くのスポットがあり、楽しめる場所がたくさんあります。それをあちこち紹介しつつも、「休日リラックスプランMap」として、見た人が選んでお散歩するときに参考になるコメントを心がけて作成することにしました。

第1回目は岡山駅前商店街と表町商店街を中心にフィールドワークし、模造紙にアウトプットした

第2回目は奉還町商店街でフィールドワークを行い、まとめた。楽しむためのポイントがすでに書かれている

ここは見て欲しいというものはイラストで目につきやすくする工夫をしています。

左下の3箇条「お散歩のポイント！」では、お店の人とのコミュニケーションを楽しむ秘訣が書いてあり、「人」というコンテンツを楽しんでほしいとのメッセージを込めています。岡山に来た観光客があまり訪れない西側の奉還町商店街もしっかり取り上げ、面白いお店があることをイラストやコメントで伝えているのも手書き地図ならではの「偏り」です。

「岡山休日リラックスプランMap」。岡山を訪れた人が、暮らすようにまちを楽しんでほしいというコンセプトでスポットを紹介した手書き地図（イラスト&デザイン：森 邦生）

誰に？ なにを伝えるのか？ で、同じエリアでも異なる手書き地図ができあがる

岡山で制作した手書き地図を紹介してきましたが、いかがだったでしょうか？ 同じ岡山駅周辺のエリアを舞台にしたものですが、テーマ設定によって全く異なる3パターンの手書き地図ができました。このように誰に？ なにを伝えるために？ やるのかによって、表現まで変わってきます。

地域の複数の顔を表現でき、参加者の問題意識や地域への想いも伝えるツールになる手書き地図。ちなみに、最後に紹介した「岡山休日リラックスプランMap」は、イオンモール岡山に入っている「未来屋書店岡山店」さんのブックカバーとしても活用されました。

このように、つくった地図をどう活用するかも、手書き地図の面白さです。そこは次章で！

第5章

活用アイデアもおすそ分け！

完成は終わりじゃなく始まり！

前章までは、手書き地図のつくり方を紹介してきました。まちの魅力を発見し、地元愛を込めて書いた手書き地図。つくりながら見えてきたことや一緒につくることで仲間ができたのは大きな成果だと思います。とはいえ、せっかくつくった手書き地図も人の目に触れる機会がないと、地域の魅力を伝えることができません。この章では、そんな手書き地図の流通や活用方法について、紹介していきます。流通でも「手書き地図」らしく、楽しく自由に、その地図やその地域らしい方法でやっていきましょうというのが、私たちの主張です。それでは始めていきましょう。

手書き地図の完成は、始まりです。地域の魅力を伝えるためのスタートです。せっかくつくった手書き地図をどうやって流通させていくのかは、非常に重要です。

まずは制作時の取材先へ

手書き地図推進員会で重視するのは、「コミュニケーションを取りながら渡してくれる人たちがいるところ」に手書き地図を設置することです。手書き地図ワークショップで取材させてもらったお店や、当日の協力者がいるところに置いてもらえるようにお願いするのが王道です。ワークショップで取材させてもらったことへのお礼を兼ねて、ぜひ完成した手書き地図を見せに行ってみてください。

取材された方も喜んで、手書き地図を見てくれると思います。自分のところがどんなふうに紹介されているのか、ほかに紹介されているところはどんなところなのか、ひいては自分の地域がどんな切り口で紹介されているのか、地域の一員として興味を持ってくれるはずです。

取材先のお店が気に入って手書き地図を置いてくれるようなら、お店を訪れた人に「こんな地図に紹介されているんですよ」と声をかけて渡してほしいとお願いしてみてください。第1章でも書いたように、手書き地図は「地域の人と仲良くなれるパスポート」です。地元の人と来街者がコミュニケーションを取るきっかけになれることが、手書き地図の最大の強みです。来訪者にとっては、訪れたお店の人とのコミュニケーションが一番の思い出になったり、そこでほかに訪れるべきところを紹介してもらったりしたことが記憶に残ったりするからです。

手書き地図を持って歩くだけで地元の人に声をかけてもらえることもあります。地元の人にとっては、「知り合いがつくった手書き地図を持っている人は助けてあげたい人」であり、かつ「まるで知り合いのように話しかけやすい人」として認識されるようです。来訪者と交流してくれる可能性が非常に高い取材先にこそ、ちゃんと顔を出して置いてもらうことが重要なのです。

もう1つ大切なことは、ワークショップの地元参加者からまちの人に手書き地図の存在を広めてもらうことです。自分たちが発見した魅力を形にした地図なので、知人に紹介するときにも熱がこもるはずです。まちの人が「○○さんたちがつくった地図だ」と知っていれば、後々この地図を持って歩いている人を「仲間の仲間」として認識してもらえ、優しく手を差し伸べてもらえる可能性が高まるのです。

動線上の重要な拠点も忘れずに

駅や空港などの交通の拠点、道の駅、観光案内所など、流通の重要な点になるところは普通の地図も手書き地図も同じです。とはいえ、手書き地図は伝える内容や目的ごとに、流通先を工夫してみて欲しいとわれわれは思っています。

例えば沼津市では、港に来る観光客が駅と沼津港の間にある商店街などに立ち寄るきっかけをつくることをねらいに手書き地図を作成しました。そのため、観光客が駅と沼津港の移動に使うことが多い、シャトルバス（沼津水産祭り期間中のみ運行）に設置したり、地元のタクシーの車内で配布してもらうことをお願いしたりした事例もあります。また、体験型観光の拠点となる「Ｌｏｔ・ｎ（ロットン）」でも配布拠点として協力してもらいました。狩野川を活用した水辺のバーベキューや、カヤック体験などができる施設です。このようなアクティビティを提供している観光拠点は、手書き地図を楽しんで活用してくれそうな、活発な人たちがたくさんやってきます。配布場所としてはピッタリです。

訪問者が自分の体験をシェアしてもらう

実は地道で一番効果があると思うのが、実際に手書き地図を使ってくれた人がSNS上でその体験を発信してくれることです。こればかりは無理やり……というわけにはいきません。

岡山駅前のイオンモール岡山で、手書き地図の展示と配布をしてもらいました。こうなると、もう作品ですね。つくり手にとっても、まちの人にとっても誇りとなる展示です（2014年12月）

しかし、手書き地図推進委員会の経験でいえば、何度も繰り返し書いているように、「この地図によって地元の人とコミュニケーションが生まれた」「この地図を持っていなければ行かなかったような場所で、素敵な体験ができた」という人はSNS上で発信してくれることが多くなり、その方の友人や知人にも手書き地図とともにこのエリアの魅力が伝わっていっています。そのためにも、「地域の人と仲良くなれるパスポート」としての手書き地図の力が発揮されるような場所（正確にはそんなおしゃべり好き、お世話好きの人がいる場所）に、手書き地図を置く工夫を、手を抜かずやってほしいのです。

楽しく知恵を絞って実現したユニークな流通アイデア

ここまでは王道の、とはいえ手書き地図精神からは非常に大切な流通場所に関して書いてきました。ここからは、なかなか気が利いている手書き地図の流通アイデアを紹介していきます。どれも手書き地図の目的があって、それを伝えるためにどんな方法があるか知恵を絞り、楽しんで取り組んだ結果です。ぜひ、参考にしてください。

再訪するきっかけをつくる地元書店のブックカバー

写真のブックカバーは、第4章の事例で紹介した岡山の手書き地図の流通事例です。ワークショップを通してつくった3

つの地図のうち、来街者向けの「岡山休日リラックスプランMap」。来街者が手書き地図と出会ってもらう工夫として、王道の流通ポイントとは別に、書店のブックカバーという方法を取りました（※現在、配布は終了しています）。

ブックカバーは、岡山駅のすぐ近くのイオンモール岡山に出店している「未来屋書店岡山店」さんで、書籍購入者のうち、希望した人全員に配布されました。新しい本を購入したら、新しい岡山にも出会えるというのは粋な計らいです。また今度このブックカバー（手書き地図）を持って、岡山を再訪しようと思う人もいたことでしょう。

書店さんにとっても、地域に貢献しながらできるという意味でも協力してくれやすいアイデアだと思います。

手書き地図とブックカバーの相性は抜群！

地域の印象づくりを担う自治体の公式手提げ袋

観光協会や市主催のイベントで、パンフレットを入れてくれる手提げ袋ってよくもらいますよね。その地域をアピールするパンフレットなどを入れるので、地域のよさを知ってもらう第一印象になる大切な袋です。

佐久市在住の手書き地図推進委員会のメンバーで、デザイナーの江村康子研究員に、長野県佐久周辺のデザイン組織を通して袋リニューアルの依頼がきました。それで完成したのが下の写真のものです。江村研究員がこの手書き地図を書くにあたって考えたことは、

もともと、佐久市は10年前に市町村合併で大きくなった市。地域が広がった分、「佐久市って何?」と言われ

地域の特徴を伝えながら、もらって嬉しいデザインに

ても一言では答えづらいのが正直なところ……。1個にしぼらず、みんな紹介しちゃってもいいじゃない！ということができるのが、この手書き地図デザインのいいところです。

せっかくなので佐久市を紹介しますと、軽井沢と清里の間に位置する、標高が高くて冬は寒い地域。最高気温がマイナスから上がらない日もあり、マイナス2桁になる時もあります。案外、雪はそんなに降らず、全部凍ってしまうため、雪かきで地面の氷を割るためのツルハシを常備しているところもあります。お年寄りの家では、6月にコタツをしまい、9月にコタツを出している家も……。

農業をしている方も多く、野菜が美味しいのも自慢ポイントです。夏の時期にはキュウリやズッキーニなどが、冬の時期には大根・リンゴ・白菜がお裾分けでやってきます。

袋にも書いてある通り、温泉があちこちにあり空が高くて景色もよく、長寿のぴんころ地蔵もあり、中山道が通っている、歴史もある佐久へ、ぜひお越しくださいませ〜。東京から新幹線で90分です。冬は特に寒くてオススメです!! 空気が澄んでいてとっても清々しい。ただし超寒い。

この手書き地図を書いた江村さんにとって、佐久市は結婚を機に引っ越してきた場所。そのため、外の目線を持ったうえで、佐久市の良さを発見できているようです。奇しくも果物や野菜を入れて写真を撮っていますが、ファーマーズマーケットのような場で、生産地の情報が入った手書き地図が付いた袋に入れて品物を渡してもらったら、どんな場所で採れたのかもイメージできて嬉しいですよね。

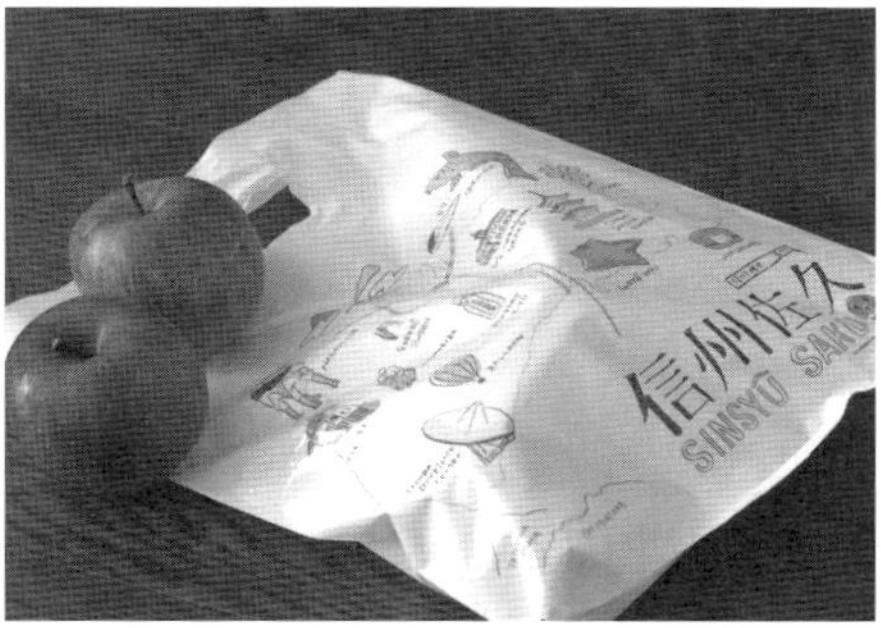

ファーマーズマーケットで商品を入れる袋にも良い

まちの切り口を複数見せるレイヤリングファイル

第1章でもご紹介しましたが、ここでも紹介せずにはいられないのが、千葉県香取市佐原在住の越川さんがつくった、「レイヤリング・クリアファイル」。東京理科大学の学生さんのアイデアから生まれたものだそうです。

現在のまちの道路と信号があらかじめプリントされたクリ

アファイルに、川と街道に沿った「佐原の町並み」、「指定文化財」、「土産・食事・宿泊」のそれぞれのイラストマップを差し込んで楽しむという珠玉のアイデア（※現在は在庫切れ）。

1枚ごとの地図で伝えたいことをハッキリさせ、ほかに伝えたいことがあれば、別の地図をまたつくる。こうすることで、テーマ別に特徴が明確になった手書き地図に仕上がっていきます。加えて、こんな秀逸な見せ方のアイデアがあれば、まちの複数の魅力を伝える強力なツールになることでしょう。どんなまちにも多面的な顔を持っているのですから。

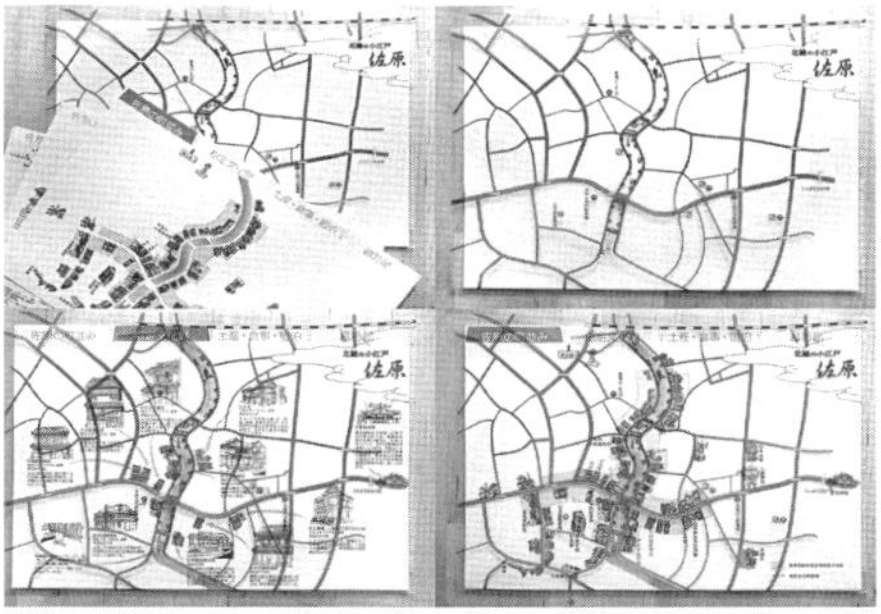

複数ある土地の魅力をプレゼンするのに適したアイデア

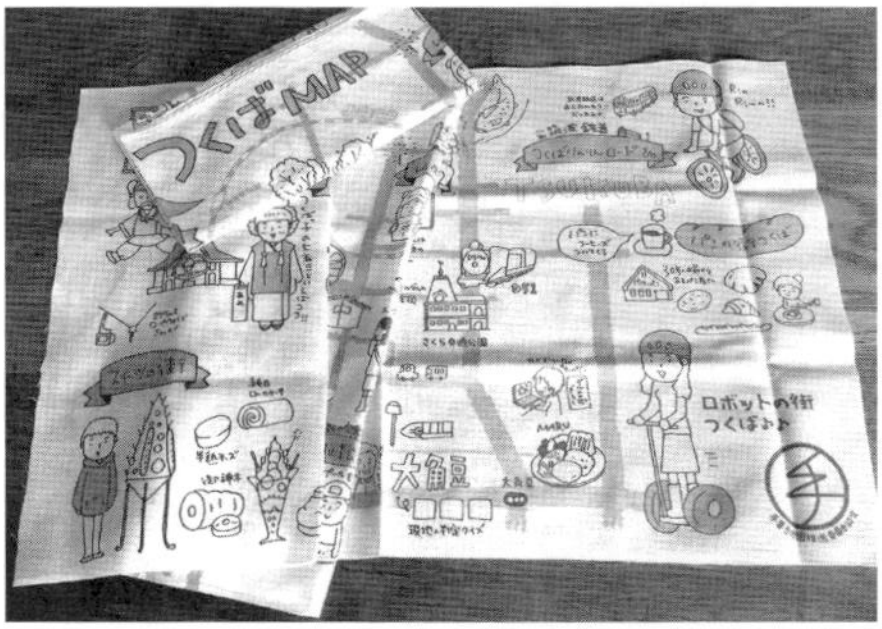

温泉地で「手ぬぐい手書き地図」、販売してほしい

コミュニケーションを誘発する手ぬぐい

手書き地図のキャンバスとして「手ぬぐい」を使ってみよう！という提案です。実は、このアイデアまだ実現には至っていません。どこか温泉地のあるエリアでのワークショップがあった暁には、実現させたいなぁ、とあたためているアイデアです。

温泉エリアであれば、日帰り温泉で手書き地図を印刷した手ぬぐいを販売するという方法もとれます。外から日帰り温泉に来た人が、温泉に入りながら、「この後どこにいこうか？」と手ぬぐいを眺めながら温泉にはいるのも乙な体験でしょう。そこから地元の人と「このお店は行っておけ！」「このお店ってどうですか？」など話が始まったりして……。コミュニケーションを誘発する手書き地図として、手ぬぐいはとてもいい接触ポイントのように思います。

手書き地図は必ずしも、紙に印刷して流通する必要はありません。持ち歩けるもので、視認性が高いものであれば、なんだって手書き地図のキャンバスとなる可能性があるのです。このようにその土地の特性によって相性のいい「手書き地図流通メディア」があるはずです。ぜひ、コミュニケーションのきっかけとなる流通ポイントをみなさんも考えてみてください。あなたのまちならではの流通手段・流通ポイントがきっとあるはずです。

世界的なレストランをプレゼンするポストカード

手書き地図推進委員会に依頼のあったお仕事で、グローバルに利用された事例です。声をかけていただいたのは、世界に名だたる和食レストランの「NOBU」。ご存知の方も多いと思いますが、「実業家、俳優、セレブリティが集う『世界で最も有名な日本人シェフ』NOBU」というまとめ記事も出ているほどのレストランブランド。さらに、共同経営者はあのロバート・デニーロ!!

世界に展開するレストランブランドだからこそ、日本から和食器や日本酒などを輸出しブランドクオリティを管理してい

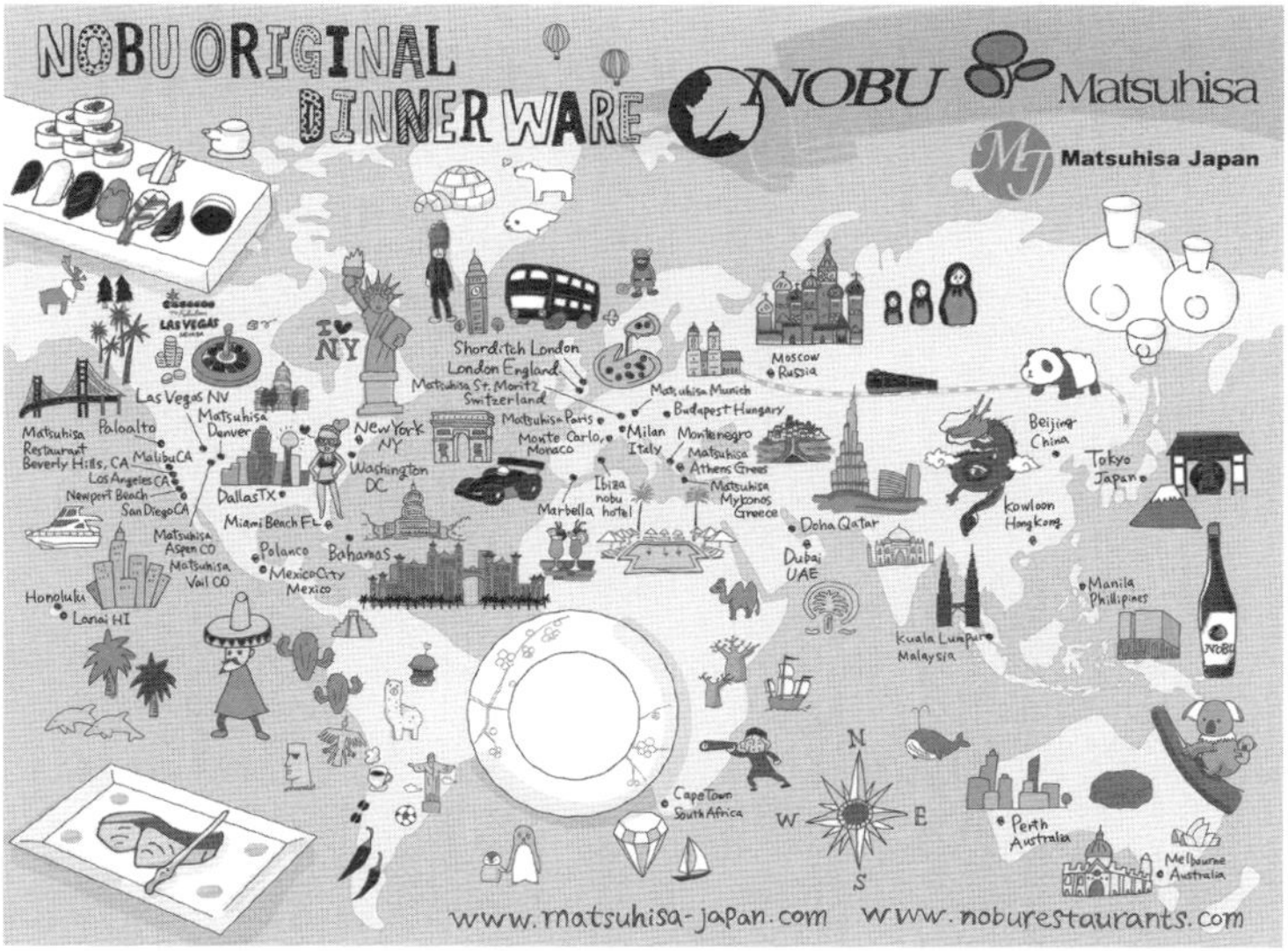

世界中にあるNobu店舗をマッピング。手書き地図推進委員会で扱った中で、世界を範囲にした手書き地図はこれだけ!
(イラスト：手書き地図公式作家・江村康子研究員)

るそうです。その役割を担っているのが、われわれに声をかけてくれたMatsuhisa Japanです。手書き地図で世界にある店舗を表現した手書き地図ポストカードをつくりました。

そんな世界的なブランドが、なぜわれわれ手書き地図推進委員会に声をかけてくれたのでしょう？ マーケティングエグゼクティブの福本亜紀子さんに尋ねてみると、

手書き地図作家の江村さんに書いていただいた世界地図は、非常にわれわれのハートウォーミングな世界観を出していると思っています。NOBUとMatsuhisaは世界5大陸47店(※取材当時)に展開している和食レストランです。ラグジュアリーと評価くださる方も多いですが、私たちの願いは、来てくださるゲストに喜んで帰っていただくことに尽きます。そんな温かなわれわれの気持ちを表現してくださったと思っています。日本より海外へ輸出される日本の製品にポストカードを同封しています。日本古来のファンシーで可愛らしい手書き地図の手法で作品に仕上げていただきましたこと感謝いたします。

とお話しくださいました。浮世絵がヨーロッパに伝わったのは、日本からの輸出品であった陶器などの梱包材として浮世絵が使われていたからだと言われています。世界にレストラン・ホテルを展開するNOBUで使う食器や日本酒などを輸出していくなかで、同梱されている「手書き地図ポストカード」と出会うことで、世界に手書き地図の素晴らしさが広まっていけばと思っています。

いつの日か、日本といえば「手書き地図の国だよね〜」なんて認知されたらうれしいです。

手書き地図の唯一の欠点。正しい位置を伝えるサポート

さて、ここでは手書き地図の欠点について、お話ししたいと思います。すでにお気づきかもしれませんが、手書き地図の最大の欠点は、現在地がわかりづらいということです。自分がどこにいるのかわからず、ぐるぐると紙の地図を回して見ている……地図が苦手な人に共通する仕草です。スマートフォンが普及してからは、地図が苦手な人も目的地に到着しやすくなりました。

手書き地図では、テーマによって情報にメリハリをつけているため、目印になるランドマークなども省かれていたりします。地図が苦手な人にとっては、せっかく手書き地図で行きたい場所を見つけても、場所がわからなかったら意味がありません。

ああ、この面白い手書き地図がスマホで見られたらいいの

に……。そう思う人も多いのではないでしょうか？

スマホ用位置情報アプリでメッセージ性に加えて、正確性を補完

手書き地図だってスマホのGPS情報（位置情報）を活用して、手書き地図上に自分のいる場所を表示することができるのです。写真は静岡県沼津市でつくった「ぬまづ街歩きマップ」に位置情報を付加して、スマホで見られるようにした画面です。

手書き地図推進委員会では、このように手書き地図のよい部分を残しながら、テクノロジーを使って手書き地図がさらに便利になる仕組みの提供もしています。ぜひ、ご相談ください。

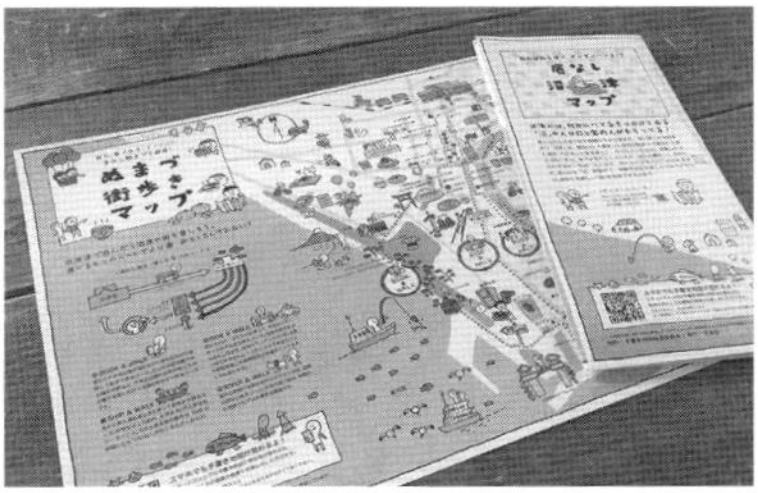
A3サイズの手書き地図を三つ折りにして配布した

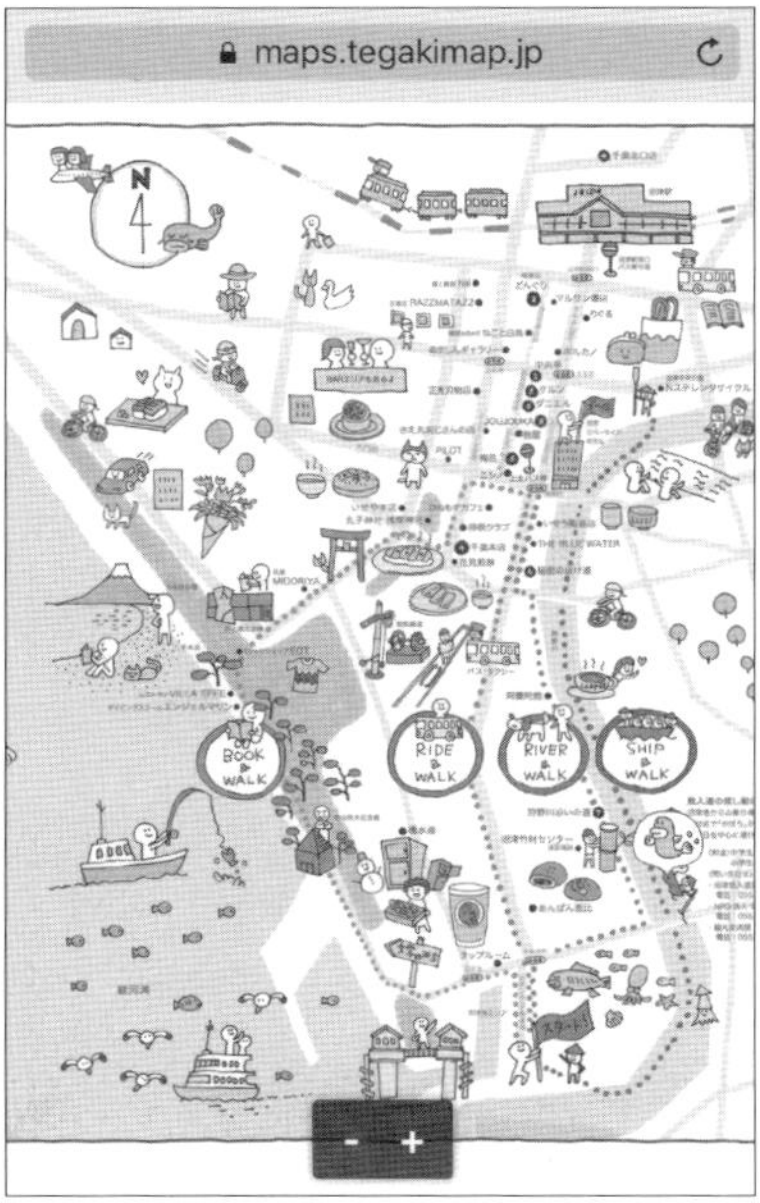

自分のいる位置を表示するだけでわかりやすくなる

もはや想像以上！手書き地図を超えた思わぬ展開

ここから紹介するものは、手書き地図の事例というよりは、手書き地図を作成する活動を通して生まれた副次的な成果物です。副次的といいましたが、内容的には手書き地図を越えた成果になったものたちです。まさか、手書き地図のワークショップを通して、こんな素敵なことが生まれるとは！

はじめに、にも書きましたが、参加ハードルの低い手書き地図ワークショップに参加することで、まちの魅力を一緒に発見し、

地図を作成するという達成感と貢献感を得られた参加者は、地域活動の楽しさに目覚めるようです。手書き地図作成という階段を一緒に登った人たちで、次のアイデアを形にする活動が始まっていくのは自然なことなのかもしれません。このような地域活動に積極的な仲間をつくるという力も、手書き地図は持っています。

主体的な学びと相性良し。小学生の総合学習での実施

学ぶテーマは児童たちが主体的に決めて主体的に授業を進める、小学校の「総合学習」という時間。そんな総合学習の時間に地域の手書き地図をつくるというテーマに取り組んだ横浜市立大岡小学校6年2組の皆さんは、まちの魅力を伝える地図を地元でつくりたいというのです。いいじゃないか！これは全力でサポートせねば！

手書き地図のワークショップでは丸1日、もしくは複数日で実施していますが、小学校の授業は1コマ45分間。2コマいただき、90分間お話ししました。6年2組の皆さんの前のめりな学びのパワーに終始圧倒される90分……。難しい言葉が多かったかと反省しつつも、手書き地図の魅力や書き方、取材方法などをお話ししました。教育者ではなくても、手書き地図の制作プロセスを通して、自分たちの住んでいるまちの成り立ちや歴史を知るきっかけをつくれたなら、なんだか嬉しいですよね。自分たちの興味でまちの情報を掘っていくと、自分たちのまちを誇りに思うことができるようになります。

3カ月後に、もう一度大岡小学校に伺いました。地元の弘明寺商店街を中心とした手書き地図が完成に近づいていました。6年生の皆さんにとっては卒業式も間近です。なんと、大岡小学校6年2組の取り組みは2018年の横浜情報文化センターで行われた「第1回はまっ子未来カンパニープロジェクト学習発表会」に選抜され、大勢の大人たちの前で立派にプレゼンテーションを行いました。6年生の総合学習（大岡小学校では大岡の時間と呼ぶそう）でなにを学びたいかをみんなで考え、地元の歴史ある商店街「弘明寺商店街」の魅力を地域住民の人たちに知ってもらうためのイラストマップとジオラマをつくろうとテーマを設定した経緯をお話ししてもらいました。実際に地図をつくったら、既存のマップと何も変わってないものができあがったこと、そこで手書き推進委員会に出会い、自分たちの視点でまちを紹介してもいいということに気がついたこと。「メガネを変えて取材しよう！」という、本書

でこれまで述べてきたような心がまえなどを丁寧に説明していただきました。全員の目がキラキラして想いの強さと本気さが伝わってくる魂のプレゼンテーション、素晴らしかったです（75ページ参照）。

用意された教材でも答えのある問題でもなく、実社会の課題に挑み、その解決策を主体的に考える小学生の「総合学習」に手書き地図づくりが向いているポイントは、下記の図に示したような点にあるように思います。

２０２０年からプログラミング学習が必修化するという話もある昨今、超絶アナログど真ん中な手書き地図ですが、デジタルな要素の掛け算も今後はあるともっと面白いものになるかもしれません。こういった総合学習のために「地育」（地図×教育）をキーワードにこれからの産学連携を強化していこうと強く認識した次第でありました。総合学習に手書き地図作成。手書き地図推進委員会もこの領域をお手伝いしていければと思っています。

「総合学習」が「手書き地図づくり」と相性のいい理由

ひとりじゃなくてチームで考える

取材があるので、誰に何を聞くか、上手に話を引き出すなどの訓練になる

集めた情報を羅列するのではなくテーマや切り口を考え編集・整理する

地図をつくって終わりではなく、どうやって届けるか？ の流通まで考える

問題発見・チームビルディングに効果バツグン！ 企業研修への導入

手書き地図で、企業研修ができませんか？ というお話をいただいたのは、第４章でも紹介した株式会社コトブキタウンスケープサービスさんです。

「普段見落としている目印に気づくトレーニング、サイン事業に組み込む新しい要素を立証する方法、まちなかで地図を見てたたずむ外国人の様子や道に迷う人の特徴の調査、地域住民とのコミュニケーション手法として“フィールドワーク”そのものの有効性を感じた」

「業務では決して組むことのない他部署の人とグループになったことで、仕事仲間としての頼もしさや、豊かな感受性を発見することができ、今後の可能性を感じた」

「会社の仲間のことを“一歩踏み込んで”知り得たことに、とてつもない大きな価値を感じた」

「歩いて感じて考えて話し合って強調して協力してつくりあげるというプロセスがこんなに楽しいものだったのか……」

ワークショップ参加者の感想

手書き地図ワークショップを通して、コトブキタウンスケープサービスの将来を担う参加者たちが肌で感じ取ったこと。そこには事業へのヒントはもちろん、組織で働くことに対する素直な感想、意外な視点、新しい気づきがありました。そのいくつかを紹介します。

「手書き地図のワークショップで社員研修!」、最初はどうなることやらと思っていましたが、終わってみたら意外にも相性がよかったようです。地図をつくるという目標に向かってチーム編成して動くことで、普段の業務では見えない個々人の特性を相互に知ることができるという特性。もう1つは、普段見慣れているところにも、ヒントやアイデアがたくさん見つけられるという成功体験が、仕事から離れた遊びのような環境でできること。この2つが、手書き地図が社員研修にも使える理由のようでした。これを読んでいる会社の人事担当の方など、一度試してみてはいかがでしょうか?

歴史の追体験にも一役！町の名産品復刻の契機

第3章で紹介した山形県の遊佐町「遊佐の十日町思い出

マップ」。当時のことを知っている地元の方（平均年齢70歳）を中心に、賑わっていた時代を知らない子ども数人。そして外からやってきた手書き地図推進員会が一緒になって総勢30名弱で完成させた地図は、時代とともに少しずつ薄れてゆく記憶の可視化と伝承の必要性を強く感じたワークショップでした。

そして、このワークショップは地図づくりでは終わりませんでした。解散後、お帰りになる参加者が、「うまのくそまんじゅう屋、歳の市で開いたら？」という会話が……。昭和30年代の遊佐町を描く手書き地図から、まさか名産物まで復刻するとは！

数十年の時を経た2018年に「うまのくそまんじゅう」が期間限定ですが復活しました。さらに「うまのくそまんじゅう」を購入した人には、ワークショップでつくった『十日町通り思い出マップ』が印刷された包装紙で渡されました。

このようにワークショップで、一緒に当時のことを思い描いた仲間たちだからこそ、名産品の復刻も、地図を包装紙にするというアイデアも、すぐに行動に移すことができたのだと思います。その地域の歴史を追体験できるのは、そのエリアならではの素敵な体験だと思います。

「うまのくそまんじゅう」の包装紙は、みんなでつくった『十日町通り思い出マップ』

ゲーム感覚でめぐれちゃう!! まち探検プログラムへの発展

標高800～1100mの高地にある集落のため「日本のチロル」と呼ばれる長野県飯田市遠山郷では、3カ年計画でプロジェクトが動いています。1年目には夏休みの子ども向けの手書き地図ワークショップを開催し、そして2年目は「モニターツアーで土台として使用する手書き地図をつくる」というミッションを掲げています。

前回の夏休みに遠山郷の子どもたちがつくった手書き地図を踏まえて、どんな地図をつくっていくのか方向性を考えます。今までのワークショップを振り返ったら、いよいよ作戦会議がスタート。手書き地図に載せたい思い思いのスポットやエピソードを話しながら、模造紙に書き出していきます。そんな中、ふと誰かが一言。

「地図に載せる情報に難易度があったら面白いんじゃない？」

これが引き金となって、会議はさらにヒートアップ。

「じゃあ地図のテーマは、クリアしていく遠山クエスト（※「ドラゴンクエスト」というロールプレイングゲームが難易度でクリアしていくことを模倣して）にしちゃう……？」

「ゲームっぽくするならガチャも設置したい（笑）！」

「遠山クエスト」というまち探検ゲームに。クリップボードに挟んで持ち歩きながら探検ができる！
（イラスト：手書き地図公式作家・江村康子研究員）

「幻の温泉があるんですよ！」

「猫の橋って知ってますか……？」

「なめこをくれるキャラ（人）がいるんです」

「ぼくらしか行けない、到達難易度ＭＡＸの廃村があります」

「夏祭りでしか食べられないメニューがあります！」


などなど、遠山郷でも限られた人しか知らない・行けない・食べられない秘密スポットや秘密グルメなど、超絶情報が次々と飛び出していきます。

アクセスしやすく、遠山郷初心者でも行きやすいスポットがレベル１なら、レベル４以降は自力では厳しく（迷子になるかも?!）地元の人と仲良くなって情報を得たり、連れていってもらったりしないと行けないスポットになっていて、「遠山ナビゲーター」と呼ばれる、遠山クエストをクリアするためのヒントをくれる方々もいらっしゃいます。

何度もお伝えしてきましたが、手書き地図を持ってまわったときに一番面白いのは、地域の人との交流です。その場所ならではの体験や地域の人との交流を促すこの工夫。手書き地図が完成した次のステージとして、このような冒険を促す仕掛けにも挑戦してみてはいかがでしょうか？

クエストボード

遠山クエストとは
神々の住まう山、人々の暮らす谷。数々のウワサやナゾが残る南信の秘境遠山郷を探求（クエスト）すべく、冒険すること!!
MAP片手にいざ遠山郷へ!!

レベル	名所	グルメ	神	季節	動物	人
Level.1 ★☆☆☆☆ 来れば出来る	●かぐらの湯 ●和田城 ●観音霊水 ●木沢小学校 ●龍淵寺 ●ヨシマルヤストア ●マルモ ●ひょうたん	●まる西屋 ●たまりば ●下栗芋 ●藤姫まんじゅう ●スズキヤ ●星野屋 ●紺屋	●スズキヤの猪神	●紅葉（秋） ●かぐらの湯（イルミネーション）	●鈴木さんのまめちゃん ●九官鳥	●遠山の人と話してみる ●遠山郷にチェックインする
Level.2 ★★☆☆☆ ちょっと探す	●猫の橋 ●ボダリング	●遠山川で釣った魚を食べる ●光穂 ●大島屋の温泉 ●マルモの今川焼	●おちんの神	●川遊び（夏） ●桜（春） ●霜月祭（和田）	●あまごを釣る ●ムササビの穴 ●鹿を見る ●猫校長と会う ●ツルとカメ	●遠山の人と飲む ●ジンギスカンをお土産にする
Level.3 ★★★☆☆ 頑張れば…?!	●ムササビの穴	●マルモの「大人のかき氷」（御射山祭限定）	●願いの叶う神様 ●夜泣きの収まる神様 ●熊野神社	●御射山祭（夏）	●フクロウを見る	●遠山郷に友だちと来る
Level.4 ★★★★☆ アクセスやや難。地元の人とのコミュニケーションが必要！	●青いポスト ●森林鉄道に乗る ●わき水制覇	●ナメコをもらう ●マムシ酒 ●スズメバチ酒 ●ハンターの作る鹿肉カレーを食べる	●マムシよけの神様 ●小嵐稲荷 ●宇佐八幡神社	●霜月祭（木沢） ●人形劇を見る	●鹿の解体を見学 ●カジカを捕まえる	●遠山郷の人の家に泊まる ●チョキ兄の緑茶パック
Level.5 ★★★★★ アクセス難！運と友情と愛と覚悟が必要	●五色温泉 ●ナガトロ橋を渡る	●猿肉を食べる ●自分でとったキノコを食べる	●目の神様 ●歯の神様	●禊をする	●マムシを捕まえる（5,000円）	●遠山の人と結婚する ●遠山郷に移住する

まち探検の難易度が5段階で示されることで、全部を制覇したくなる？!

手書き地図は「人を巻き込む・当事者になる」ツール?!

手書き地図づくりは、参加者を集めた時点で、流通や活用の参考例までを紹介すると、目指すゴールがイメージしやすくなり、効果的です。自分たちがつくったものがどう使われる可能性があるのか、どんな影響を持つのか、そのイメージが具体的であればあるほど、参加者の温度が上がるのを感じられます。

つくって、伝える。こうやって書くと簡単ですが、つくるのと同じぐらい「伝える」ための努力も楽しんでほしいのです。手書き地図は伝えることも遊びだと思って、楽しんでみてください。ここまで紹介してきた事例はすべて、子どものように無邪気に出したアイデアを楽しんで、形になったものたちです。子どもに戻って、どう配るか？　どう活用するのか？　を発想してみてください……本当に子どもたちが考えた例もありますが。手書き地図の活用実例がまるで子どものいたずらのよう面白いのは、手を動かしながら遊びのようにつくる手書き地図ワークショップの場の空気が、参加者たちを子どもモードに戻してくれたからかもしれません。

「地域の人を巻き込む・当事者にさせる」という点でも、まだまだ手書き地図は可能性を秘めています。この本を読んだ方からも新たな活用事例の報告をいただけることを、手書き地図推進委員会一同、心待ちにしています。

おわりに

何度も何度も折りたたんだり開いたりして、折り目が破れかけているA3のコピー用紙がある。気になったところに引いたピンクの蛍光マーカーが、白黒の手書き地図の中でやけに浮いて目立つ。

なんのことかと言えば、第1章「すごい手書き地図　その1」で紹介した、ときがわの手書き地図のことだ。もう8年になるだろうか、ぼくの手帳に大切に挟みこんでいる代物で、これを初めて手書き地図推進委員会の研究員たちに見せた時の興奮っぷりは、今でも忘れがたい出来事だ。手書きの地図の大いなる可能性と面白さとを、みなで分かち合った瞬間だった。

地図なのに、まるで〝読み物〟のような手書き地図。じっと見つめていると、なんだか大切にしている愛読書のことを思い出すのだ。その本には日々の物語が綴られていて、忘れてはならない人生の楽しみ方のようなことが記されている。作者にはどこか〝偏愛〟的なところがあって、とても愛嬌がある人なんだろうなと想像する。手書き地図とは、そのような本と同じように〝物語〟を感じさせてくれるものなのだと思うのだ。作者の愛すべき〝カタヨリ〟が、誰に邪魔されることなく堂々と表現されているのが面白いし楽しい。こういう遠慮のない奔放な感じが、手書き地図のよいところだろう。

そんなわけで、個人的で属人的な感覚を大切にしているわれわれの哲学と日々の地道な〝寄り道〟活動を面白がってくれる出版社と出会ってしまい、こうして本にまとめることになった。書き散らかした四者四様の原稿を神ワザのごとくまとめあげる辣腕編集者の岩切江津子さんには、もはや頭があがらない。そして、ともに手書き地図の可能性に目を輝かせる手書き地図推進委員会メンバーたち、各地の役場や企業の方々はじめ、ワークショップに参加し楽しい時間をともにしてくれた地元の方々との出会いは尊く、感謝してもしきれない。そういう小さな奇跡の連続によって、この書は日の目を見ることになったわけだから。本当にありがたいことだ。

本書では「あなたの日常は、誰かの非日常」ということを繰り返し述べている。例えば、ぼくはアジフライに「しょう油」をかけるのが日常である。魚にソースなんて非日常、考えたこともない。あなたは、どっち派だろうか。ほー、タルタル派？　えっ、ケチャップ党？？　しょう油なんて信じられないだって？？？？　うそーん、それあり得なーい、じゃあ採用（笑）！

と、この書を読み終えたばかりのあなたとなら、そんな〝話だけ〟で何杯でもメシが食えそうだ。

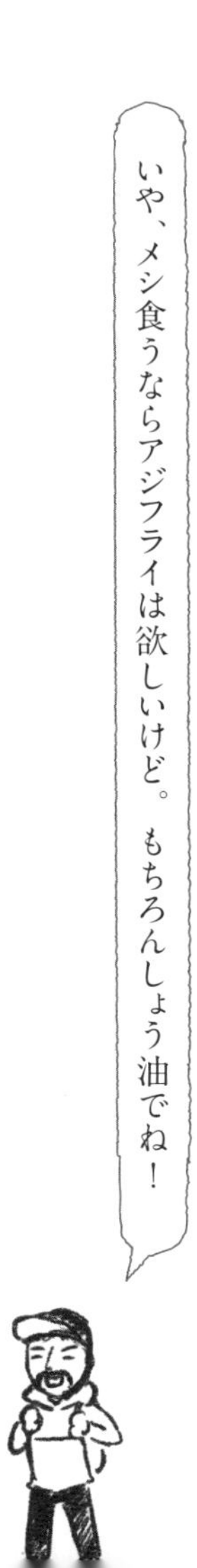
いや、メシ食うならアジフライは欲しいけど。もちろんしょう油でね！

２０１９年６月吉日
手書き地図推進委員会　研究員　大内 征

本書に登場する偏愛マップと取材記事の関係者一覧

章	頁	マップ名	地域	依頼主	制作担当
序	12	立科うわさMAP	長野県立科町	立科町教育委員会	川村 行治 研究員
1	34	ときがわ食品具マップ	埼玉県ときがわ町	【取材先】「とき川の小物屋さん」川崎 敏雄さん	大内 征 研究員
	42	下諏訪アースダイバーツアーマップ	長野県下諏訪町	「スワニミズム」事務局長 石埜 三千穂さん／アルキニスト 降旗 香代子さん	川村 行治 研究員
	47	佐原まち歩きマップ	千葉県香取市佐原	NPO法人「小野川と佐原の町並みを考える会」越川 悦子さん	大内 征 研究員
2	61	一高生生態MAP	宮城県仙台市	仙台市地下鉄東西線 WEプロジェクト	川村 行治 研究員
	68	ウワサで巡るつくば／つくば子育て知っトクMAP／BiViつくば手書きフロアマップ	茨城県つくば市	大和リース株式会社	赤津 直紀 研究員
	75	弘明寺「笑」店街MAP	神奈川県横浜市	横浜市立大岡小学校	赤津 直紀 研究員
	80	「あなたはどうして恵み野へ?」マップ	北海道恵庭市恵み野	NPO法人 まちづくりスポット恵み野	跡部 徹 研究員
	82	あなたの知らない稲毛の工場マップ①	千葉県千葉市稲毛区	NPO法人 まちづくりスポット稲毛	跡部 徹 研究員
3	100	十日町通り思い出MAP（屋号編／職業編／歳の市編／家の造り編）	山形県遊佐町	ゆざまち地域おこし協力隊 加藤 未来さん／遊佐地域づくり協議会	赤津 直紀 研究員
	109	あなたの知らない稲毛の工場マップ②	千葉県千葉市稲毛区	NPO法人 まちづくりスポット稲毛	大内 征 研究員
	114	遊んで学べる 南相馬再エネマップ	福島県南相馬市	南相馬ソーラー・アグリパーク	大内 征 研究員
4	134	ウワサで巡る！ よりみち伊勢原MAP ～大山ふもと編	神奈川県伊勢原市	伊勢原市商工観光課	大内 征 研究員
	142	ここちよい街 稲城マップ	東京都稲城市	野村不動産株式会社	跡部 徹 研究員
	146	ひとりぼっちず／ココロの処方箋マップ／ハママツチョーマップ／東京ベスポジマップ フロム 浜松町	東京都港区浜松町	株式会社コトブキタウンスケープサービス	大内 征 研究員
	154	3つの商店街の「顔」に聞きました！ 昔の岡山、これからの岡山MAP／OKAYAMA WONDER LAND MAP／岡山休日リラックスプランMap	岡山県岡山市	グッド・オカヤマ・プロジェクト委員会（NPO法人 みんなの集落研究所／株式会社いち／イオンモール株式会社）	跡部 徹 研究員

手書き地図推進委員会（株式会社ロケッコ）

川村 行治 かわむら・ゆきはる ——序章・第3章編纂

株式会社ロケッコ（手書き地図推進委員会）代表取締役、株式会社インセクト・マイクロエージェンシー代表取締役。大手広告代理店を経て2010年に独立。地域や店舗などのコミュニケーションに関わるしくみをつくる仕事を行なっている。1968年生まれ、東京都出身。

赤津 直紀 あかつ・なおき ——第4章編纂

株式会社ロケッコ（手書き地図推進委員会）取締役、株式会社インセクト・マイクロエージェンシー取締役。広告代理店を経て2011年にインセクトに合流。商業施設や店舗などを舞台にデジタルの利便性とアナログでしか表現できない体験を掛け合わせたサービス開発やデジタルサイネージの導入支援を行っている。「末っ子」パワー研究家。1975年生まれ、茨城県出身。

跡部 徹 あとべ・とおる ——はじめに・第1章・第5章編纂

株式会社ロケッコ（手書き地図推進委員会）取締役、株式会社空気読み代表取締役コンセプター。全日本空輸株式会社プレミアムメンバー会員誌「ana-logue」編集長。株式会社リクルートで、雑誌・WEB・フリーペーパーの編集長を歴任した後に2008年に独立。メディアのコンセプト設計・新規事業開発を行う。著書に『空気読み企画術』（日本実業出版社）、『前に進む力』（ディスカヴァー・トゥエンティワン）、『顧客に愛される会社のソーシャル戦略』（技術評論社）など。1974年生まれ、宮城県出身。

大内 征 おおうち・せい ——第2章編纂／おわりに

株式会社ロケッコ（手書き地図推進委員会）取締役、低山トラベラー、山旅文筆家。土地の物語を辿って各地の低山を歩き、ローカルの面白さを探究。文筆と写真と小話でその魅力を伝えている。NHKラジオ深夜便「旅の達人～低い山を目指せ！」出演、著書に『低山トラベル』、『とっておき！低山トラベル』（ともに二見書房）、『低山手帖』（日東書院本社）。1972年生まれ、宮城県出身。

お問合せ先：〒251-0032
神奈川県藤沢市片瀬4-16-26-402
株式会社ロケッコ　手書き地図推進委員会事務局
info@tegakimap.jp

手書き地図推進委員会メンバー

江村 康子
手書き地図公式作家。長野は佐久市在住。
自宅の物置をベースに活動中。

naohiga
手書き地図公式作家。男はつらいよ好き。

中尾 仁士
手書き地図公式作家。
三度の飯よりグラフィックレコーディング好き。

森内 章
手書き地図敏腕ディレクター兼ラーメンお兄さん。

水澤 充
手書き地図推進委員会のｗｅｂディレクター。
群馬は妙義山の麓で軽トラを乗り回す。

おか ともみ
手書き地図推進委員会白米担当。通称ちゃんおか。

萩原 有希
手書き地図推進委員会ファシリテーター兼
ＣＡＯ（チーフアルコールオフィサー）。

小堺 丸子
手書き地図推進委員会ファシリテーター。
デイリーポータルＺライター。編み物担当。

佐藤 遥
手書き地図推進委員会ファシリテーター。
手書き地図アイドル。元学生インターン。

荻原 豪
手書き地図推進委員会ファシリテーター。
元学生インターン。酒に飲まれる傾向あり。

小川 尚志
手書き地図推進委員会エバンジェリスト。
愛Ｂリーグ所属。書家。

地元を再発見する！ 手書き地図のつくり方

2019年8月10日 第1版第1刷発行
2019年10月1日 第1版第2刷発行

編著者 手書き地図推進委員会
著者 川村行治・赤津直紀・跡部徹・大内征
発行者 前田裕資
発行所 株式会社 学芸出版社
〒600-8216
京都市下京区木津屋橋通西洞院東入
電話 075-343-0811
http://www.gakugei-pub.jp/
info@gakugei-pub.jp

編集担当 岩切江津子・松本優真
装丁・デザイン 美馬智
イラスト 江村康子
印刷 オスカーヤマト印刷
製本 新生製本

ISBN 978-4-7615-2712-9

《好評既刊書》

ローカルメディアのつくりかた

影山 裕樹 著

人と地域をつなぐ編集・デザイン・流通　四六判・208頁・定価 本体2000円＋税

地域はローカルメディアの実験場だ。お年寄りが毎月楽しみに待つ『みやぎシルバーネット』、福岡にある宅老所の面白雑誌『ヨレヨレ』、食材付き情報誌『食べる通信』他、その地に最適なかたちを編み出し根づいてきた各地の試みを、３つの視点「観察力×コミュニケーション力」「本・雑誌の新しいかたち×届けかた」「地域の人×よそ者」で紹介する。

歩いて読みとく地域デザイン

山納 洋 著

普通のまちの見方・活かし方　A5判・200頁・定価 本体2000円＋税

マンションと駐車場に囲まれた古民家、途中で細くなる道路、居酒屋が並ぶ商店街…。何気なく通り過ぎてしまう「当たり前の風景」も、「まちのリテラシー」を身につければ、暮らし手と作り手による「まちの必然」をめぐるドラマに見えてくる。「芝居を観るようにまちを観る」達人が贈る、地域づくりのためのまち歩き入門。

ワークショップ

木下 勇 著

住民主体のまちづくりへの方法論　A5判・240頁・定価 本体2400円＋税

ワークショップが日本に普及して四半世紀。だが、まちづくりの現場では、合意形成の方法と誤解され、住民参加の免罪符として悪用されるなど混乱や批判を招いている。世田谷など各地で名ファシリテーターとして活躍する著者が、個人や集団の創造力を引き出すワークショップの本質を理解し、正しく使う為の考え方、方法を説く。

本で人をつなぐ まちライブラリーのつくりかた

礒井 純充 著

四六判・184頁・本体1800円＋税

カフェやオフィス、個人宅から、病院にお寺、アウトドアまで、さまざまな場所にある本棚に人が集い、メッセージ付きの本を通じて自分を表現し、人と交流する、みんなでつくる図書館「まちライブラリー」。その提唱者が、まちライブラリーの誕生と広がり、個人の思いと本が織りなす交流の場の持つ無限の可能性をお伝えします。

まちをひらく技術 —建物・暮らし・なりわい— 地域資源の一斉公開

オープンシティ研究会・岡村 祐・野原 卓・田中 暁子 著

A5判・224頁・本体2500円＋税

建築、庭、工場、スタジオ、文化遺産等、地域資源を一斉公開する試みが広がっている。オーナー・ボランティア・参加者・行政など多様な主体が関わることで、情報発信や集客など観光効果をはじめ、仲間作りやコミュニティ形成につながる地域づくりの手法だ。国内外22事例をもとに取組の背景、ハウツー、創意工夫の内情に迫る。

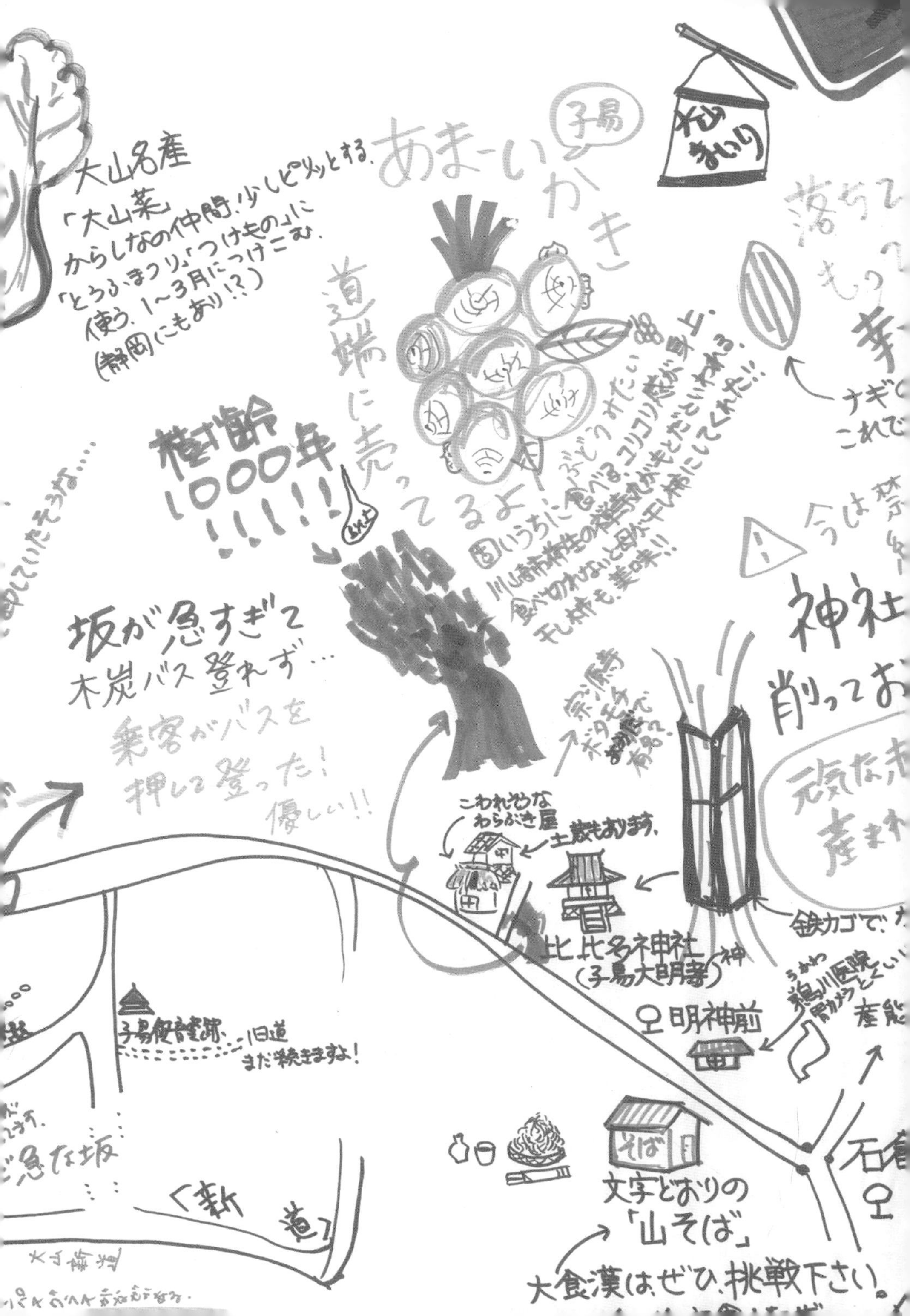
大山名産
「大山菜」
からしなの仲間!少しピリッとする。
「とうふまつり」「つけもの」に
使う。1~3月につけこむ。
(静岡にもあり!?)
子易
あまーいかき
道端に売ってるよ
ぶどうみたい
固いうちに食べる。コリコリ感が最上。
川崎市柿生の禅寺丸がもとだといわれる。
食べ切れないと母が干し柿にしてくれた!!
干し柿も美味!!
樹齢1000年!!!!!!
坂が急すぎて
木炭バス登れず…
乗客がバスを
押して登った!
優しい!!
こわれそうな
わらぶき屋
土蔵もあります。
比比多神社
(子易大明神)
神社
明神前
文字どおりの
「山そば」
大食漢はぜひ、挑戦下さい。
子易観音堂跡
旧道
まだ続きますよ!
急な坂
〈新道〉

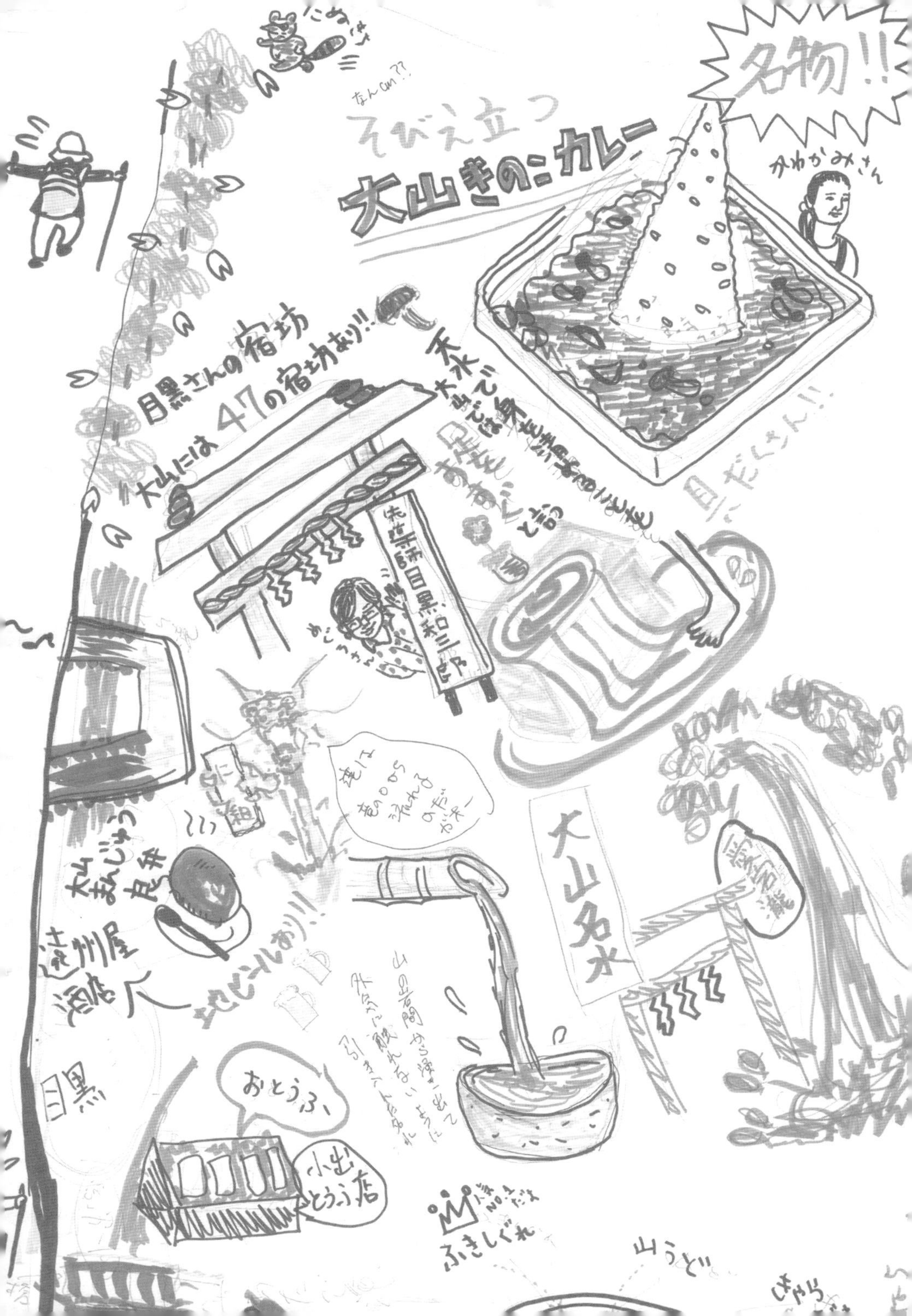
名物!!
そびえ立つ
大山きのこカレー
かわかみさん
目黒さんの宿坊
大山には47の宿坊あり!!
先導師目黒和三郎
大山まんじゅう
良弁
遠州屋酒店
地ビールあり!!
大山名水
目黒
おとうふ
小出とうふ店
ふきしぐれ
山うど